U0482098

中国社会科学院老学者文库

禹人絮语

——考古随笔集

王吉怀◎著

中国社会科学出版社

图书在版编目（CIP）数据

禹人絮语：考古随笔集/王吉怀著．—北京：中国社会科学出版社，2017.5

（中国社会科学院老学者文库）

ISBN 978－7－5203－0497－9

Ⅰ．①禹…　Ⅱ．①王…　Ⅲ．①考古—中国—文集　Ⅳ．①K87－53

中国版本图书馆CIP数据核字（2017）第126578号

出 版 人　赵剑英
责任编辑　郭　鹏　巴　哲
责任校对　张艳萍
责任印制　戴　宽

出　　版　中国社会科学出版社
社　　址　北京鼓楼西大街甲158号
邮　　编　100720
网　　址　http://www.csspw.cn
发 行 部　010－84083685
门 市 部　010－84029450
经　　销　新华书店及其他书店

印　　刷　北京明恒达印务有限公司
装　　订　廊坊市广阳区广增装订厂
版　　次　2017年5月第1版
印　　次　2017年5月第1次印刷

开　　本　710×1000　1/16
印　　张　16
插　　页　4
字　　数　208千字
定　　价　78.00元

凡购买中国社会科学出版社图书，如有质量问题请与本社营销中心联系调换
电话：010－84083683

尉迟寺新石器时代聚落遗址复原图

禹会村遗址

玉树藏族自治州之一

玉树藏族自治州之二

写给读者的话

考古，对绝大多数人来说，都很陌生，自然不自然的总会和挖墓、挖宝联系在一起，特别是看过《鬼吹灯》和《盗墓笔记》的人，都会或多或少的感觉神秘。但真正的考古人却不然，考古不是挖墓，更不是挖宝，考古是一门学科，是根据从地下挖掘出来的古代人们遗留下来的各种遗迹和遗物，去了解几百年前、几千年前、几万年前人类生活的状态，去研究古代人类的衣、食、住、行和生、老、病、死以及社会的发展状况。通过遗迹和遗物，去了解人类用自己辛勤的双手和智慧创造的灿烂文化，去感受先人们的喜怒哀乐。

考古，需要知识和实践相结合，只有能达到认识和掌控地下遗迹和遗物的水平，才能去还原人类历史的真面目。

考古，又是一项充满期待的工作，在天天与泥土打交道的过程中，期待着有新的发现。因为泥土能覆盖一切，也能呈现一切。

有人说考古很苦，是的，在这项艰苦工作的背后，只有考古人才能在苦中寻乐，感受那份其他人感受不到的喜悦。

笔者一生从事考古工作，走遍了中国的大部分地区，也写过一些考古方面的专业文章；但在这里，笔者不想用专业的词汇与大家交流和沟通，而是想把考古工作中的奇闻轶事奉献给大家，想让大家知道我们考古工作背后许多不为人知的故事，希望大家在茶余饭后轻松的阅读中，增长知识，了解考古，感受快乐。笔者有把握能把你们带到考古现场，去领略考古的神奇，去感悟考古的魅力。

在笔者经历的考古工作中，奇闻趣事很多。这里先整理出了《辉煌尉迟寺》《解读禹会村》和《考古历险记》这三篇内容，并选出了近百幅没有发表过的相关照片，一定会让你大饱眼福。

当你看完《辉煌尉迟寺》，你定会有亲临其境的感受，仿佛自己走进了5000年前原始人的村落与古人对话，并能感受到原始人炊烟四起，饭菜飘香的生活场面……

当你看完《解读禹会村》，你就会对大禹其人其事有更深刻的了解，感到大禹这位远古英雄就在你身边，并亲眼目睹大禹盟会万国诸侯的盛大场面……

当你看完《考古历险记》，你就会感到自己进行了一次高原旅行，了解藏区的风土人情和不为人知的藏文化……

此书，能带你走近考古现场，过一把考古瘾。

来，让我们一起开始这神奇之旅吧！

目　录

第一篇　辉煌尉迟寺 …………………………………………（1）

一　考古人走进了不被关注的土地 ……………………（3）

二　“尉迟寺”一名的由来 ……………………………（4）

三　小人物的大发现 ……………………………………（6）

四　考古人光顾尉迟寺……………………………………（10）

五　开始使用“洛阳铲” ………………………………（10）

六　发掘获得意外惊喜……………………………………（12）

七　7 年的工作无奈告退 ………………………………（29）

八　魂牵梦绕尉迟寺………………………………………（30）

九　文化名人加油添火……………………………………（31）

十　考古队重返尉迟寺……………………………………（39）

十一　发掘现场热闹非凡…………………………………（43）

十二　牛群学考古…………………………………………（49）

十三　“百米长屋”与世人见面 ………………………（59）

十四　5000 年前的豪华住宅 …………………………（63）

十五　现场直播的前前后后………………………………（66）

十六　媒体异常关注………………………………………（71）

十七　“中国原始第一村村长”的来历和趣事 ………（72）

十八　尉迟寺遗址给我们留下的印象……………………（73）

第二篇 解读禹会村……………………………………………………（79）
一 禹会村的相关传说………………………………………………（81）
二 大禹故事的出现与隐退…………………………………………（84）
三 大禹是人还是神…………………………………………………（85）
四 大禹为什么治水…………………………………………………（87）
五 涂山的所在地……………………………………………………（91）
六 “中国古代文明探源工程”与禹会村遗址 ………………………（93）
七 考古发掘唤醒了沉睡的禹会村…………………………………（97）
八 欢迎“考察团”、后续发掘成果惊喜连连 ……………………（106）
九 与中原地区龙山文化的比较 …………………………………（139）
十 与黄河下游龙山文化的比较 …………………………………（140）
十一 与江汉平原石家河文化的比较 ………………………………（141）
十二 与长江流域良渚文化、屈家岭文化的比较……………………（141）
十三 禹会村遗址的自身特点 ………………………………………（141）
十四 对禹会村遗址的科学论证 ……………………………………（144）
十五 社会各界对考古工作的支持 …………………………………（146）
十六 考古带我们穿越历史的时空隧道 ……………………………（151）
十七 禹会村遗址给我们留下了鲜明的时代符号 ……………………（152）
十八 考古发掘，一锤定音…………………………………………（156）

第三篇 考古历险记 ………………………………………………（181）
一 意外惊喜 ………………………………………………………（183）
二 藏区印象 ………………………………………………………（183）
三 翻山越岭 ………………………………………………………（185）
四 到达玉树 ………………………………………………………（186）
五 感受玉树 ………………………………………………………（187）
六 州庆活动前的收获 ……………………………………………（189）

七　州庆活动现场 …………………………………… (195)
八　考察达纳寺 ……………………………………… (201)
九　途中趣事 ………………………………………… (202)
十　第一次骑马 ……………………………………… (208)
十一　有缘相会小活佛 ……………………………… (212)
十二　夜宿草原 ……………………………………… (214)
十三　过通天河 ……………………………………… (218)
十四　到达达纳寺 …………………………………… (225)
十五　夜宿达纳寺 …………………………………… (228)
十六　考察灵塔群 …………………………………… (230)
十七　达纳寺印象 …………………………………… (240)
十八　准备回京 ……………………………………… (247)
十九　家人的期盼 …………………………………… (248)
二十　胜利归来 ……………………………………… (248)

后记 ……………………………………………………… (249)

第一篇
辉煌尉迟寺

昔日的尉迟寺是辉煌的，因为这里有为纪念唐代大将军尉迟敬德而修建的寺庙，宏伟的建筑曾吸引了络绎不绝前来朝拜的人……

今日的尉迟寺更是辉煌的，因为这里发现了有5000年历史的原始村落，成为中国考古中的重大发现。

如今，看热闹的外行人接踵而至、参观的内行人接二连三，但又有多少人知道这前前后后的故事呢？

一　考古人走进了不被关注的土地

尉迟寺，坐落在皖北一个不起眼的土地上，静静地躺了几千年，住在当地的农民，一代又一代的在它的周围耕种和收获，却没有人知道和说得清楚尉迟寺及其地下的秘密。当地的老年人都还清晰地记得，尉迟寺就是一个大寺庙，前后大院构成了规模恢弘的唐式建筑，矗立在高高的土堆之上。老人们说，在20世纪的五六十年代它还曾是当地的一所小学校，再早就说不清楚了。

1989年，我们这些考古人的脚步第一次走近尉迟寺。当时，大家都是带着期待的心情踏入这个被考古界遗忘的角落，期待着在这里能寻找到原始人生存的痕迹。因为，在中国北方的黄河流域和南方的长江流域都已经早就发现了古人类活动的地点，唯独地处中间地带的淮河流域还是个空白。原因之一，就是淮河水患给人们留下了根深蒂固的印象。自古代起，淮河流域就是经常被水淹没的区域，这里在远古时期是否有人类的活动？地下是否埋藏着古文化遗址？这些都是考古界经常思索的问题。

20世纪的80年代，考古界提出来了苏、鲁、豫、皖考古大课题，目的是致力于淮河流域的考古发掘及研究，随后，中国社会科学院考古研究所安徽工作队、安徽省文物考古研究所以及当地的文物部门，在皖北地区作了大量的考古工作，随着发掘工作和考古资料的不断积累，学术界对这个地区的考古学文化给予了极大的关注，开始把目光注视到了这一区域。所以，在此开展考古工作是学术研究的需要。

在进入尉迟寺之前，我们开始并没有太大的把握。首先，这里是考古的处女地，没有任何先期资料可作参考，其次，在一般人的理解中，“寺”多与“寺庙”有关，而我们所找的遗址，属于史前时代，即使这座寺庙的年代再早，也不会早到原始社会吧。

究竟是什么原因能吸引考古人在这个寺庙的所在地去寻找原始社会的踪迹呢?

二 “尉迟寺”一名的由来

“尉迟”为复姓，这里的“尉迟”指的是“尉迟敬德”，他是唐代名声显赫的大将军，后来也多被民间推崇为门神之一。无疑，尉迟寺肯定与唐代有着密切的关系。

唐代是中国历史的一个鼎盛时期，其在政治、军事、文化方面都达到了前所未有的高度，活跃在唐朝历史舞台上的人物至今仿佛历历在目，尉迟敬德就是其中的一个。

据记载，尉迟敬德，是铁匠出身。尉迟敬德生于北周静帝大定五年（585 年），卒于唐高宗显庆三年（658 年），是朔州善阳人。尉迟敬德本为降将，后追随唐太宗李世民，戎马一生，两人的关系远远超过了君臣关系，有人说尉迟敬德和李世民之间，已经达到了称兄道弟的程度，可见非同一般。尉迟敬德武艺极其高强，特别善于在两军相战之际躲避对方槊刺。他常常在两军对阵间，单人独骑直冲入敌阵，即使敌方众人举槊齐刺，都伤不了他。最神奇的是，他还能在左闪右避之间夺取敌人的长槊，返刺对方。可以说，他是艺高人胆大，总能在军中干出令人喝彩叫绝的事情。

尉迟敬德的一生，是戎马生涯的一生，自隋末从军至去世之前，南征北伐，出生入死，为唐代前期的巩固和强大立下了汗马功劳。

但是，谁也说不清在何年何月尉迟敬德曾带兵打仗于我们今天要去的地方。当年宏伟的建筑没有留下太多可考的证据，当地的年长者只是隐约记得当时这处宏伟建筑的模样。据说庙内各种泥塑神像俱全，并且每天香火不断。

多少年来，当地人都还口口相传着尉迟敬德的佳话，说他在此屯兵打仗，军纪严明，不扰乱百姓，又连连胜利，后人为纪念尉迟敬德将军而建庙供奉，尉迟寺由此而得名。

20 世纪 50 年代前后，这座寺庙还依然完整，是当地的一所小学校。由于 1966 年到 1976 年的“破四旧”，使寺庙毁于一旦。如今只留下几块柱础石作为历史的见证。

我们本来想找的是与原始人生活有关的遗存，但这样却使我们的心里越来越没有了底气。李世民和尉迟敬德是唐朝的事，而类似的寺庙又多是唐、宋时期的建筑，无论如何与原始社会也搭不上边啊！

既然来了，还是到遗址走一圈吧。

远远望去，遗址中心呈“堌堆”状，能明显看出高出周围地面有两、三米（图 1－1）。据说，早年“堌堆”比现在还要高，常年的平整土地和水土流失才成了现在的模样。“堌堆”的面积大约有 5 万平方米，上面较平坦，常年被当地农民作为耕种的农田。

图 1－1　尉迟寺遗址远景

当我们踏上这块土地时，却让我们喜出望外，因为地表到处可以捡到陶器的碎片，且都与唐、宋时代毫无关系——它们是更早期的人类使用的生活器具。它们原本是被埋在地底下的，因为农民的常年耕作而被翻了上来。当地农民祖祖辈辈都在这里“面朝黄土背朝天”，年复一年重复着同样的农活。春去秋来，只要农民在这块土地上劳作，就有捡不尽的陶片且只能随手扔到田边地头。这些捡不完的陶片因影响农民的耕种而成为一件烦心的事，但却没有人去思考这里边的缘由和秘密。

日复一日，年复一年，在这块土地上，庄稼该种的还是种，该收的还是收……陶片该捡的还是捡……无穷无尽。

三　小人物的大发现

这些表面现象，促使我们产生了许多遐想：仿佛通过时间隧道，我们正一步步走向深藏着无数奥秘的远古时代……怀抱着这样一种崇敬和复杂的情感，我们开始走访当地知情的农民。

尉迟寺所在的村叫毕集村，村里有几十户人家基本都姓毕，全村共有 300 多口人。像所有北方地区的农村一样，当地的农业生产主要以种植小麦、玉米、大豆等旱田作物为主。

毕集村所属的许疃镇，属于蒙城县最北边的乡镇，像中国千千万万个农村一样，它朴素得不能再朴素了。这里的农民世世代代就耕作在这块不曾被人关注的黄土地上。

尉迟寺遗址“堌堆”在毕集村东 200 多米处，可谁也说不清这个土堆形成于何年何月，只知道土堆之上曾经有个为纪念唐代大将军尉迟敬德而修建的寺庙，如今只有几块柱础石作为历史的见证，诉说着其中的沧桑巨变。

柱础石是以石灰岩为材料，精细雕刻而成。“堌堆”之上当时存有四个大型柱础石，尽管遭到了破坏，但还是比较完整地裸露于地面。这个庞然大物耽误了农民的耕种，只因它太大、太重而不曾被人搬动。后经中国古代建筑专家杨鸿勋先生鉴定，这是标准的唐式风格“覆莲柱础”（图 1－2）。杨先生说，根据这种柱础石的形状，可以断定尉迟寺寺庙建筑，应该是前堂后室的格局。柱础石的中心直径约有 1 米左右，具有很高的艺术价值和展示价值。通过它就能看出当时寺庙建造的规模和等级。

图 1－2　尉迟寺遗址上唐代建筑的覆莲柱础

1970 年前后，当地农村开始大搞农田基本建设，其中之一就是在“堌堆”的东侧挖一条南北向的水渠以作灌溉之用。就在施工过程中，农民又意外地挖出了许多陶质的盆盆罐罐和被火烧过的土疙瘩以及人骨架。可农民当时仍未意识到出现这些现象的原因，只认为这里可能是不知年代的乱坟岗。尤其是成堆的盆盆罐罐，多数形状与我们现在的盆和碗接近，但有的却像个“大炮弹”（就是后来发现的大口尊）。它们大小不一，造型各异，每件器物上都有大致相同的花纹。当时的农民根本就意识不到它的价值，更领略不到这就是中国古老文明的遗存，倒认为这些东西与人骨伴出是“不祥之物”，便当场毁于他们的锄头之下。农民回忆说，一条水渠不知道挖出过多少个他们打碎的盆盆罐罐。

当年45岁的毕正昌是毕集村的村长，他那黑黝黝的脸上透着农民的朴实。他说：他家的农田就在“堌堆”之上，在平时种地时也曾多次挖出过“泥盆”“泥罐”。当时，他作为一名村干部，看到这些陌生的玩意儿，也是感到新鲜，却不知道该怎么办，但他倒不觉得这是“不祥之物”，还捡了一个完整的“大炮弹”搬回家栽上了菊花。

时间一年年地过去了，谁也没有把这当回事，每次的耕种和挖沟，不知道打破了多少这样的东西。事后再发现同样的盆盆罐罐，农民更失去了当初的新鲜感，有些小的器物，便随手捡起扔在自家的窗台上。

20世纪70年代中期，当地农民为了烧砖，建起了多座砖窑，它们矗立在“堌堆”之上及其周围，就像一个个大坟头（图1-3），同样，建砖窑时也挖出了很多曾经被他们打碎过的盆盆罐罐。

时隔不久，十余座砖窑在“堌堆”周围拔地而起。为了烧砖取土，农民又打起了“堌堆”的主意。砖窑的缕缕青烟散去，“堌堆”的土就像被蚕吃的桑叶一样，一天天在减少。在取土期间，人们还是挖出过许多曾经见过的玩意，但它们都没有逃脱被砸碎的命运。

当时的村长毕正昌一边叼着烟袋一边琢磨，这些是不是广播里、报纸上所说的文物呢？一种好奇心和责任心在毕正昌的心里升起，于是，他回家找来了麻袋，装了满满一麻袋的器物碎片，坐在公路边，等着开往县城的长途汽车。

毕集村距县城20多公路，毕正昌下了车，气喘吁吁地打听到了蒙城县文物管理所。沉重的麻袋已经使毕正昌没有力气说话，而县文物管理所的同志也不知这位老农是什么来头。毕正昌小心

图 1-3　尉迟寺遗址上的砖窑

翼翼的拿出破碎的陶片摆了一大堆，当时任县文物管理所所长的鹿俊倜看后非常惊讶，问清缘由后随即叫来了在蒙城县文化局分管文物工作的副局长殷克毅。他们一眼便认出了这就是四五千年以前原始社会的文物。毕正昌详细地介绍了文物出土的情况，并焦虑地说："再不控制就保不住了！"由于情况紧急，不允许迟疑，他们当即租车赶到了现场了解情况，回来后及时给县委、县政府作了汇报，随即引起了重视。当地政府强令停止了砖窑运作，使这处遗址得到了应有的保护。

也许是一种责任心吧，之后，蒙城县文物管理所所长的鹿俊倜和蒙城县文化局副局长殷克毅经常骑自行车到距县城 20 公路以外的尉迟寺了解保护情况，并经常能在老乡家里看到被他们捡回的小器物。为了不再让遗址遭到破坏，两位文物干部委托毕正昌作为尉迟寺遗址保护的联络员。从此，毕正昌在村长的位置上又多了一个头衔：文物保护员。虽然这个差事没有报酬，但这丝毫不能减少他对遗址保护的责任心。他还时常到蒙城县文物管理所汇报情况。毕正昌心中充满着一种自豪感，觉得自己是在做一件“有觉悟”的事。

四　考古人光顾尉迟寺

第一次在尉迟寺见到陶片，就使我们立马来了精气神，“这就是我们要找的东西啊”。一些能看出时代特征的器物碎片，使我们异口同声地说起了“大汶口文化”一词。

大汶口文化（公元前4200—公元前2600年），是新石器时代后期父系氏族社会的典型文化形态。以山东省的泰山地区为中心，东起黄海之滨，西到鲁西平原东部，同时，河南省也有不少这类遗存的发现，往北可达辽东半岛，往南则遍布江苏省北部和安徽省的淮河两岸。它因首先被发现于山东省泰安市大汶口，故被命名为“大汶口文化”。

这种现象，给我们带来了一定的信心和底气，后来又经过多次的实地考察，考古人的足迹才真正踏上这块神奇的土地。

五　开始使用“洛阳铲”

一般而言，考古人对一处遗址的选定，需要经过一系列的工作。

首先，要进行实地勘察，先用肉眼观察一下遗址的地形地貌，就是说，要确认能否在地面见到与遗址相关的遗物。其次，就是用“洛阳铲”进行钻探（图1－4）。

“洛阳铲”是半圆形的铁制铲头，安装上约2米长的白蜡干，依靠重力进行钻探。

“洛阳铲”是由河南省洛阳市附近的盗墓者于20世纪初发明并沿用至今的。盗墓者常说，“十墓九空”（尤其是土坑墓）；而

图 1－4　用洛阳铲钻探尉迟寺遗址

“洛阳铲”就能起到探明墓葬是否被盗的作用，为此，“洛阳铲”“恶名远扬”，成了盗墓必备工具。

现在，“洛阳铲”已经成为考古工作的得力工具。在中国的安阳殷墟、洛阳偃师商城等国内众多遗址的发掘过程中，“洛阳铲”发挥了重要作用。如今，“洛阳铲”也是中国考古工作者常用的钻探工具。

钻探一般分为以下几种：

粗探，即每个探孔相距较远的钻探方法。

细探或叫密探，即探孔相距较近的钻探方法。

拉网式钻探，即探孔之间不超过一米的大面积钻探方法。

对尉迟寺遗址而言，起初我们根本就不知道哪里是中心，哪里是边缘。再加上农作物的覆盖，真的使我们一片茫然，只能以大面积粗探和局部细探的方法去了解地下情况。第一次钻探时，为了准确地把握遗址的信息，我们特意从河南省洛阳市请来了有认土经验的探工，对遗址进行初步钻探。

说“洛阳铲”神奇，一点儿都不过分，它能把地下几米深的文化信息带上来，让你能够通过厚厚的土层去了解地下的信息。

钻探结果显示：“堌堆”往下有5—6米厚人类活动的地层，这是远古人类在多年的生活过程中，日积月累而形成的堆积。“堌堆”之外甚至再远些，也有30厘米、50厘米厚度不等的人类活动的迹象。

同时，在烧砖取土的断层上，还清晰地显露着遗物。

文化层分布的范围，给我们提供了一个大致的信息：遗址的分布面积大约有10万平方米，文化层最厚的“堌堆”处即是中心位置。

初步钻探也只能得出初步的判断。在整个钻探过程中，没有获得能够让我们感到特别振奋人心的信息，只是大致了解了遗址的文化内涵属于考古学上的“大汶口文化”。

六　发掘获得意外惊喜

考古发掘就是挖土，是严格按照《田野操作规程》，开5米×5米或10米×10米的土方坑（专业术语叫“探方”），从上至下逐层清理。这是一个磨炼和享受的过程。无论这个过程有多长，我们这些考古人每天都会抱有幻想和期待——期待着有惊喜出现，期待着能挖出我们想要的“宝贝”。

1. 尉迟寺寺庙年代得到证实

1989年秋季，我们第一次试掘，在“堌堆”的北部布置了一排探方，这也是首次揭开尉迟寺遗址的神秘面纱。

这次发掘使我们首先证实了寺庙建筑至少是唐代以后宋代的建筑，或说，在宋代时曾经维修过。这是因为，我们在原建筑基址的下面，除了发现排列有序的柱础石和墙基槽以外，在地层中还发现有大量的用作奠基或埋藏在其中的古钱币（图1－5）。这些钱币不仅数量多，而且涵盖了宋代的每个年号，大致包括有“宣和通宝”“元符通宝”“元丰通宝”“政和通宝”“熙宁重宝”“熙宁元宝”“圣宋元宝”“乾道元宝”“绍圣元宝”“元祐通宝”“景祐元宝”“天禧通宝”“天圣元宝”“景德元宝”“淳化元宝”“治平元宝”“大观通宝”“宋元通宝”“皇宋通宝”“至道元宝”“咸平元宝”等等。它们和柱础石一样，是考证寺庙建筑的直接证据。而在这些钱币的下层，却深深地埋藏着距今约五千年的人类遗物堆积，出土了我们曾经相识的大汶口文化遗物。

图1－5　尉迟寺遗址晚期地层中的宋代钱币

第一次发掘给我们增加了信心，这让我们考古人第一次知道了安徽北部地区也有大汶口文化的发布。后来，又进行了第二次发掘，应该说，就大汶口文化而言，前两次的发掘并没有太惊喜的发现，真正能让我们兴奋的还是从1992年的第三次发掘开始。

2. “大炮弹”突然露面

1992年秋季，发掘工作进行到第三次。每天的工作都在正常进行，突然，从一个“探方”中发出了振奋人心的叫声：“快来看啊，这里出宝贝了！”这一嗓子，把整个工地都震惊了，人们把出“宝贝”的“探方”围了个水泄不通。你想想啊，民工们几乎每天都重复着一样工作——挖土、抬土，对于我们每天捡出陶片，他们也是见怪不怪了，还从来没见过什么“宝贝”露面，大家的心情可想而知。我们也不例外，兴冲冲地跑过去，把出“宝贝”的“探方”围了个“里三层外三层”。

这个“宝贝”刚刚露面，就给大家打了一针兴奋剂。大家指点着，这儿像一轮红日，那儿像一弯新月，这儿仿佛是连绵起伏的群山……还有的人说：“整个样子像个大炮弹。”原来，这就是被称为带有刻划符号的大口尊。这一发现，使全体工作人员达到了欣喜若狂的程度，长时间的疲劳顿时烟消云散，真不亚于刨出一个“大金娃娃”。

随着进一步的清理，两个像“大炮弹”形状的器物全部暴露出来了，虽然破碎了，但整体完整。这时，我们才清晰地看到两个“大炮弹”以口相对，呈东南—西北方向，静静地躺在那里，其中有一件因为农民犁地被犁去了一部分。(图1-6)。

第一次见到这么大的家伙，谁也没有预料到它是干什么用的，再经过一番清理，又有两个意想不到的现象出现了：第一，在两个相扣的大口尊之内，竟然清理出两个完整的儿童骨架，看骨架

图1－6　炮弹形的大口尊

的大小，也就在2、3岁左右。这时，我们才突然明白：这两个“大炮弹”原来就是小孩子的棺材啊。这种现象，以前在其他的大汶口文化遗址里怎么从来没有见到过啊。这意味着“大炮弹”的出现，将是一个新的发现。第二，其中一件“大炮弹”口沿外侧，还刻有近似于日、月、山的符号（图1－7）。

我们几个，你看看我，我看看他，“这东西怎么这么眼熟?”我们突然想到了山东省莒县陵阳河遗址。对，这两件器物和那里的一模一样（图1－8），这又是一个令人惊喜的发现啊。

中午下工了，民工们还是你一言、我一语的议论着，我们几个更是兴奋未减，大家一路上哼着小曲，就像打仗胜利归来一样。午饭，每人做了一道自己家乡的拿手菜。在饭桌上，大家的话题仍然聚焦在那两个“大炮弹”身上。

我们知道，“大炮弹”的名字叫大口尊。大口尊这种炮弹形的器物，最早是在山东省莒县的陵阳河遗址（大汶口文化遗址）发现的，

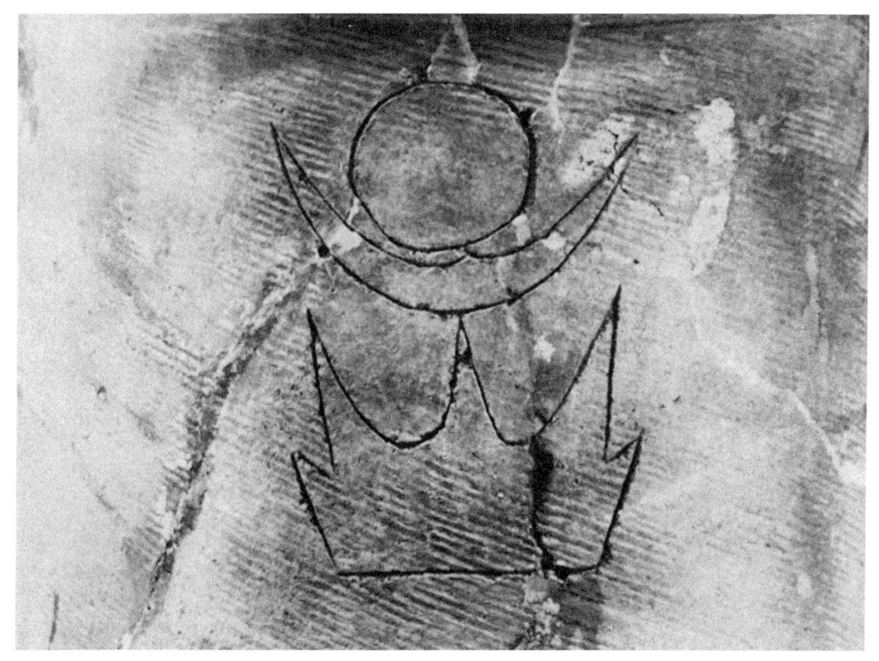

图1－7　大口尊上的刻划符号

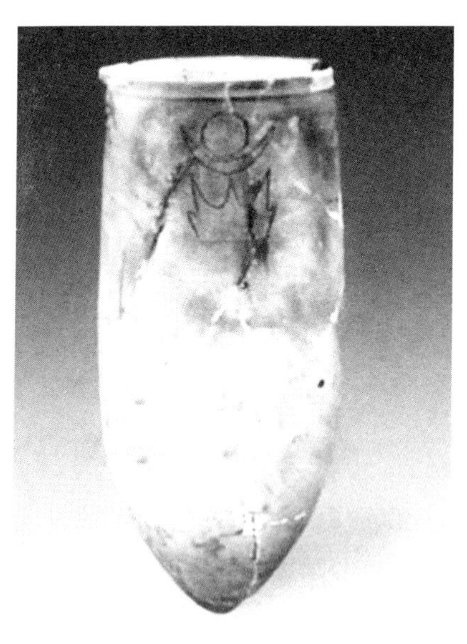

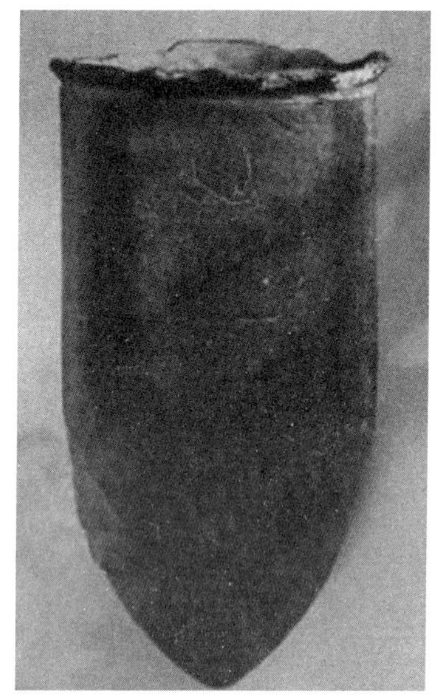

图1－8　尉迟寺遗址和陵阳河遗址的大口尊

当然，陵阳河周边地区也有，比如小朱家遗址、杭头遗址等等，今天，它又出现在安徽北部蒙城县尉迟寺。两地相距千里之遥，但两地出土的器物，无论是形状、大小、壁的厚薄、刻划符号的位置，甚至器物的重量等等，都好像出自一人之手（图1－9），这不能不引起我们从两个方面去思考：一是尉迟寺遗址中大汶口人的由来问题；二是大口尊的产地问题。

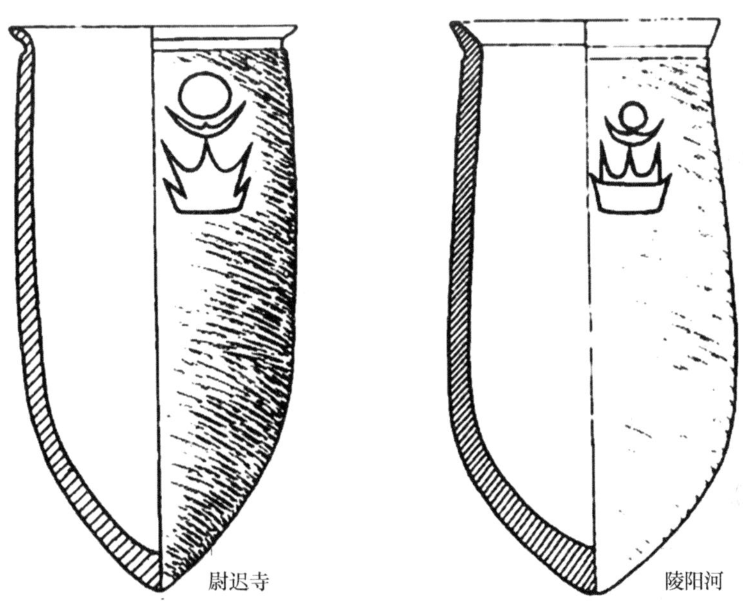

图1－9　尉迟寺遗址与陵阳河遗址的大口尊

（1）尉迟寺古人的由来

中国古代就有南蛮、北狄、东夷、西戎四大部落团体，大汶口人属于东夷部落，主要是在山东省境内，那里也是东夷起源的地区。生活在山东省这块土地上的上古人类，最早被称为东夷人。

在距今5000年以前，生活在泰安以东的东夷人（大汶口人），首先在本地发展壮大，随着社会生产力的提高，氏族成员的人数也在随之巨增，已有的地理空间、生态资源已经不能容纳大汶口人的生存需要，便逐渐向周边扩散。目前所知，在山东省大约 15 万平方公里的范围内都有大汶口人生活、游动的足迹，加上河南省东部、江苏省北部和淮河以北的广大地区，大汶口人的活动范围至少超出 20 万平方公里，所以，考古资料充分显示了大汶口文化是中国新石器时代晚期一支势力非常强大的原始文化，并且，从中期到晚期都具有非常旺盛的发展势头。

到了距今 5000 年前后，一支大汶口人离开原住地，顶着风雨，冒着被野兽攻击的危险，向南迁移。这群衣不蔽体，拿着各种石器、骨器的原始人在原野上孤寂地走着，不知经过多少个昼夜，这支疲惫的大汶口人到达了安徽省北部这片土地肥沃、水草丰茂的平坦之地……从此，皖北迎来了第一批东夷客人。他们一起采摘、一起狩猎、一起进食，过着其乐融融的生活。可以说，尉迟寺的大汶口人，就是山东大汶口人的一个分支。

在这里，我们不能不说，人类文明的起源和发展，与部落族群的迁徙和不同生产、生活方式的互相影响息息相关。正是这种现象，才使部落的聚合和交融登上了一个新的台阶，从“满天星斗”，发展到“众星拱月”。

（2）炮弹形器物的产地

这种类似于炮弹形的大器物，它的产地原本在山东省莒县的陵阳河，安徽省北部的尉迟寺与陵阳河相距至少有千里，这不得不使我们产生一个特大的疑问，是山东大汶口人带着它奔走千里之外吗？显然不是，因为这个“大炮弹”至少有 50 斤以上，我们现在的成年人抱起来都非常吃力，原始人更难以完成这项艰巨的任务。而它是否属于两地的产物呢？猜测、推想都不能作为定论的依据，我们只能借助自然科学的手段来寻找证据。

中国科学技术大学的科技考古实验室，利用岩相鉴定分析及等离子体发射光谱（ICP）技术，对安徽省蒙城县尉迟寺遗址和山东省莒县陵阳河遗址出土的大口尊的矿物稀土元素及微结构等进行了研究，测试和分析的结果证明，这种器物是属于当地取土制作、当地烧制的，完全属于文化传播因素，从而解决了同种器物不同地区生产的问题。

这就说明，尉迟寺古人从山东省迁徙过来以后，也带来了文化传统，并在此发展和延续。来到尉迟寺以后的若干年，他们认为这块土地可以让他们丰衣足食，于是开始在此建造自己的家园。

尉迟寺遗址的日后发掘，曾多次出土过这样的“大炮弹”（图1－10），当再次发现“大炮弹”时，我们考古人的心情就平静了许多。后来才知道，在尉迟寺遗址，埋葬小孩的葬具，几乎都是用这种“大炮弹”作棺材。

图1－10　再次发现“大炮弹”

这样的葬俗，在其他地区的大汶口文化中，还未曾见过，是在尉迟寺遗址第一次被发现。以前曾在比大汶口文化更早些的河南仰韶文化中发现有用陶器作葬具埋葬儿童的现象，而在大面积分布的大汶口文化中实属罕见。这就说明，在尉迟寺遗址中，一种新的埋葬制度或埋葬形式诞生了。这同时还表明，尉迟寺遗址的大汶口人，对死去的儿童非常关爱，用大型陶器作葬具，能起到充分保护儿童尸骨的作用。他们渴望死去的儿童能灵魂再生，早日转世。

（3）长屋破土而出

1992 年秋季，发掘工作每天都在有条不紊地进行着，谁也没有想到，哪一天还会出现意想不到的新发现。有一天，在笔者负责的探方中逐渐暴露出来比较集中的被火烧过的红土疙瘩（即红色烧土块，简称红烧土块，有时简称红烧土）。起初，我们都没有太在意，因为在文化层中出现红烧土块不算意外。一般认为，地层中的红烧土块，可能是当时的人们生活后的残留物。等红烧土块越来越多时，就推测可能是史前人类烧陶器的陶窑，我们心中暗自高兴，但没有往更加复杂的现象考虑。可是，越清理红烧土块，面积越大，而且越来越纯，我们就逐渐打消了是陶窑的判断。按考古常规，每发现迹象，都要先把它的形状、范围全部暴露。等把红烧土块完全暴露时后，我们发现一个问题：红烧土块的分布不但面积大、红土纯，而且最顶部形成一个平面。这种现象让我们一时作不出准确的判断。

只有一个办法，局部解剖。我们便在红烧土块中间的一个部位，打开了一个小探沟，就像医生做手术一样，小心翼翼地往下解剖清理，在这过程中，我们的脑海中始终都充满问号。在清理到底部时，便出现了我们意想不到的现象。底部竟然是一个平面，光滑、平整、坚硬，不过分地说，就像水泥面一样。再度顺着硬面往四周清理，又出现了竖向的硬面，与平面连成一个整体。这时，我们豁然开朗：啊！是房子，是用火烧成的房子。

我们说不出是高兴还是激动，大家一窝蜂地拥到了红烧土堆积的地方，争先恐后地去清理，争相去感受发掘过程给大家带来的愉悦。

等到这间房子完全暴露出来以后，我们全体工作人员又更加兴奋起来了，我们大声地喊着：“尉迟寺遗址发现红烧土房子了！”因为我们心里清楚，在以前发现的那么多的大汶口遗址中，还从来没有发现用火烧成的房子，这又将成为一个重大发现。

随着发掘工作的进展，眼前的一幕又让我们惊叹不已，相邻的探方也陆续出现了相同的房子，而且连成了一排，就像一条红色的彩带，但房子倒塌后的现象却让我们匪夷所思，因为每排倒塌堆积的顶部又似乎被人为地加工成了一个平面（图1－11）。

图1－11　房子倒塌后的堆积

这种现象完全不是房子的自然倒塌，应该与人为的毁坏有一定的关系。

全部清理完成后，暴露出了一排房子的整体布局（图1－12）。

图 1－12　排房布局

整排房子被分割成大小不同的房间，小的一般在 10 平方米左右，大的可以达到 20 多平方米。有的房间里有大量器物，有的房间里又非常简单。一般，小的房间设有一个房门，大房间设有两个房门（图 1－13）。

这种布局形式，完全显现了以个体家庭为生活单元的聚落体：空旷的大间作为居室，而装满器物的小间则是储藏室；虽然同在一排，却分割有序，体现了原始大家庭的分中有合、合中有分的建筑格局，说明古人们过着其乐融融的原始共产主义生活。

这连成一排又互相分割的房子，从设计到建造的工序大致如下：根据房子大小的布局设计，先在墙基部位挖出沟槽；在槽内再栽入相应的木柱，以起到支撑墙体的作用；待整个框架完成后，便在框架两侧堆泥；晾干后再进行焙烧。经过了挖槽、立柱、抹

图1－13　大、小间房子

泥、烧烤的基本过程，最后房子就成了一个坚硬的壳。墙壁最厚的地方有50厘米，最薄处也有30厘米。我们在清理时发现，墙体内排列有序的黑色圆洞，就是当初栽入木柱的痕迹，圆洞内的木柱已经炭化，有的还能清晰地看到木柱的年轮（图1－14）。

而在墙体倒塌的断面中，更能清楚地看到用木柱支撑墙体的现象（图1－15）。

在大部分房子的后部还保留一个方形灶台，是当时人们生火做饭的地方。在墙体倒塌的土块中，还能清晰地看到土块中有草伴泥和稻壳的迹象（图1－16、图1－17）。

墙体一般都加工的非常平整，有的地方还抹有白灰面，当时，人们已经注意了房子的室内装修。而稀奇的是，在有的墙体面上还保留着多处手抹泥的痕迹，这可是我们祖先留下的宝贵的手印（图1－18）。

图1－14　墙体内木柱碳化现象

图1－15　墙体内的木柱

图 1－16　稻草伴泥现象

图 1－17　稻壳伴泥现象

图 1－18　墙体上的手印

经过中国古代建筑专家鉴定，房屋的形状应该是中间起脊两面坡的形式，类似于现在华北广大农村的大北房。这样的房子具有坚固美观、冬暖夏凉的效果，是人类建筑史上的一次伟大飞跃，在中国建筑史上具有里程碑的意义，体现了祖先们的聪明和智慧。这应该是原始人的豪华住宅吧（图 1－19）。

等我们的发掘工作快要结束时，不但整排的房子被完全暴露出来了，而且又出现了新的惊喜。在探方尽头的一侧边缘又暴露出另一排不同走向的房子。我们心中充满疑惑，尉迟寺遗址的地下究竟埋藏着多少这样的房子？房子里面暗藏着什么样的玄机呢？

我们很快制定了连续不断的工作方案，这也是我们的发掘工作一发不可收拾的原因。

（4）久违的围壕突然露面

工作之初，我们不止一次站在高高的“堌堆”之上，向四周

图 1－19　5000 年前原始人住房复原图

观望，看看遗址周围的环境能给遗址带来什么影响。在遗址所分布的 10 万平方米的范围内，地势比较平坦，而“堌堆”及其周围的土地，就是普普通通的庄稼地，与别的地方没有什么不同，只是周围的地表土色发灰。当时，我们认为是农民种地、施肥所导致的现象，谁也没有想到跟什么遗迹有关。

时至 1994 年，也是我们发现红烧土房子的第三个年头，我们的心里就盘算着，为什么这个“堌堆”下的房子就挖不完呢，地底下到底埋藏有多少间房子呢？我们带着这种疑问又进行了地毯式的钻探。

这一钻探不要紧，让我们被地下房子的埋藏量惊呆了，虽然说不出具体的间数，但大体上能显示出，呈东南—西北，或东北—西南向的房子还有许多排，有长有短，根据红烧土分布的范围，最长的可达百米。

天哪！这地底下埋藏的是个村还是个城啊？这要挖到何年

何月？

接着钻探，更重要的现象又出现了：在这些房子周围，即“堌堆”的周边位置，竟有一条大型围壕环绕，把房子团团围住。

这种现象的出现，让我们情绪高昂，信心十足。经过“密探”得知，围壕南—北约240米，东—西约220米，围壕宽25米—30米，这条围壕围起了大约5万平方米的范围，正好把有房子的地方围了起来。

当我们再一次站到“堌堆”之上向四周观望的时候，心中豁然开朗：哦！原来“堌堆”周围发灰的地表土就是围壕的填土。当时，我们谁都不敢相信这种情景。因为在原始社会的遗址中，从来没有发现过这么大的围壕。以前发现的半坡遗址、姜寨遗址、兴隆洼遗址，其围壕的宽度不超过2米。而尉迟寺遗址的围壕这么宽，从地表土的颜色看，谁也不敢相信这是围壕啊！后来经过解剖，我们又知道围壕深4.5—5米。

这样规模宏大的围壕，一是证实了它是人工挖制而成，二是证实了它与红烧土房子同属于一个时期。

围壕和房子构成了一个完整的聚落整体，相当于原始城堡，古人们生活在一个其乐融融的大家庭中，过着日出而作、日落而息的生活，这是一幅多么美好的生活画面啊。

泥土能覆盖一切，也能呈现一切。透过5米深的地层，穿过5000年的时光，原始人的智慧着实令人惊叹。中国古代建筑专家杨鸿勋先生看了遗址现场激动地说：尉迟寺遗址是一块“宝地”，可与“金矿”媲美。

尉迟寺遗址丰富的文化堆积，使我们一口气挖了7个年头9个季度。但是，对于偌大的原始村落我们还只是揭露了冰山一角，由于遗址堆积太厚，整个“堌堆”地层从上到下像一个“鸡蛋”，剥去了“蛋壳”，剥去了“蛋清”，还剩下神秘的“蛋黄”（图1-20）。

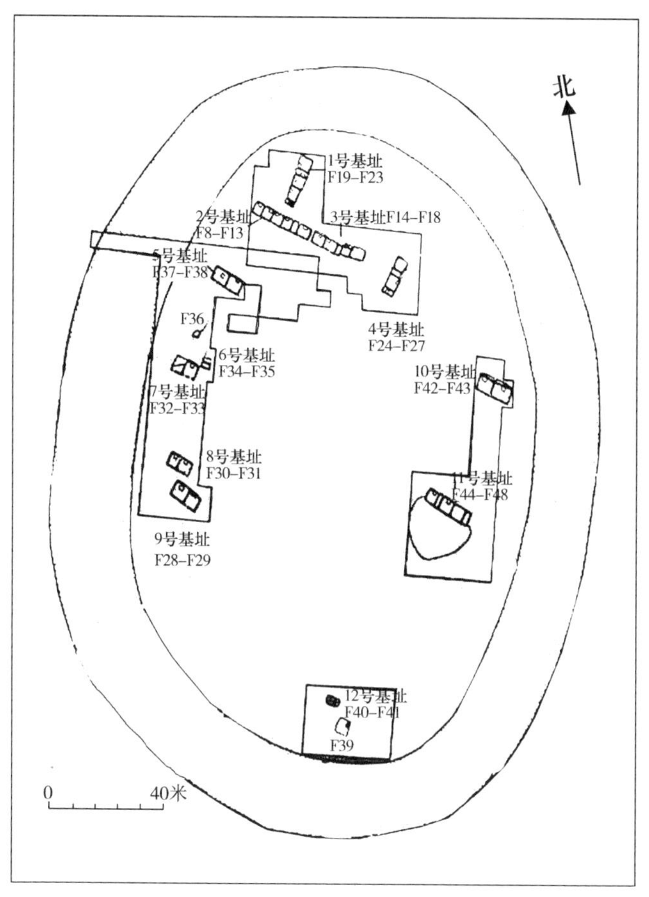

图1–20 1989年到1995年尉迟寺遗址第一阶段发掘示意图

七 7年的工作无奈告退

由于尉迟寺遗址的面积大、埋藏的地层深，越是靠近“堌堆”中间，地层越深，前几次的发掘，因为想用有限的资金去挖更大的面积，因而每每都是选择“堌堆”的周边地带。当第九次发掘之后，因为经费不足，我们这些考古人只能向尉迟寺遗址遗憾地告别。

第一阶段获得的成果震惊了考古界。1994年8月4日，在北京召开了“安徽蒙城尉迟寺遗址考古座谈会”，考古界诸多泰斗式人物对尉迟寺遗址给予高度评价，同时也在社会各界引起了极大的轰动。虽然尉迟寺的发掘停止了，但还有数不清的来访者光临此地。尉迟寺遗址不仅被考古界所熟知，而且也随着人们文化素质的提高而引起了社会各界的更多关注。当地参加考古发掘的老乡说，考古队走后，前来参观的人仍是天天不断，即使阴天下雨，也没有阻挡住想一饱眼福的人们，甚至吸引了数十公里以外的人专程来造访尉迟寺遗址。由此可见，声名远扬的尉迟寺遗址在内行人心中的重要和在外行人心中的神秘。

对此，笔者更有深刻体会。在第一阶段的每次发掘结束回到北京后，总有国内外学者前来询问尉迟寺遗址的情况，消息灵通的记者也不时前来捕捉新闻点，可又有谁能够理解到尉迟寺遗址的考古发掘者在渴望着什么。

八　魂牵梦绕尉迟寺

第一阶段的发掘工作结束后，笔者回到北京，望着高楼大厦、人来车往的一派繁华景象，我仍旧怀念着那种远古的气息。今天的一切不就是无数个昨天的沉积吗？龙飞凤舞的图腾时代、刀耕火种的原始生活，如今只剩下那些陶片和白骨。人类慢慢地走过昨天，告别蒙昧时代，跨入文明的门槛，一步一步地走到今天。时间仿佛是一条隐藏在地底下的河流，只要我们屏声静息，就可以听到它潺潺流淌的声音。

笔者作为发掘的主持人、作为这个课题的领头者，心情却不能平静。因为，这处遗址中的红烧土建筑还没有完全被揭露出来，整体布局还不清楚，还没有按照专家们建议的像卷地毯一样进行全面揭露。

在这处原始聚落中，到底有多少排房子，多少间房子，都不得而知，这对全面、系统地研究一处保存完好的原始聚落来说，不能不算是一种缺憾。

当时，笔者把这一工作比作一壶烧到了摄氏 90 度的水，如果再添一把火，就能达到事半功倍的效果。然而，由于资金的缺乏，发掘工作被迫宣告结束，已经烧到了摄氏 90 度的水就这样不烧了，因此，尉迟寺遗址的发掘工作也没有划上一个圆满的句号，只是用一部考古报告，阶段性的给学术界一个交代（图 1－21）。

图 1－21　第一部关于尉迟寺遗址的考古报告

谁能给尉迟寺遗址的发掘再添一把火呢？当时，只能久久地等待着。

九　文化名人加油添火

尉迟寺遗址无声地等待着……

2000年12月1日，著名相声表演艺术家牛群正式“走牛上任”，出任蒙城县副县长，他身为文化人，对文化事业格外关注。上任后的第二天，他就马上会同县里其他领导一起到蒙城县文物管理所所在的圣人殿（又叫文庙）参观。

原来的圣人殿年久失修，留下的只有时代的沧桑。它坐落在一个不易被发现的小胡同里，被众多的居民住宅包围着，当年的文物管理所就坐落在此（20世纪90年代前后，蒙城县县委、县政府花了大力气，拆了殿前的办公楼，搬走一部分居民，从此使大殿重见光日）。

如今的圣人殿几经维修，金碧辉煌，可算得上是蒙城县的一张名片（图1－22）。

图1－22　蒙城县圣人殿

圣人殿，又名孔庙、黉学、学宫、圣宫，俗称文庙，始建于元至元21年（1284年），是封建时代祭孔、演礼和办学的地方。1998年5月被安徽省人民政府公布为全省重点文物保护单位。据

《蒙城县志》记载，元初期在旧庙东侧空地重建了新的文庙，经明、清两代多次维修、更新，规模不断扩大。

文庙建筑群沿南北中轴线而建，自前而后依次为棂星门、泮桥、大成门、大成殿。棂星门正对青云街，取其“平步青云”之意。门两侧各有一月洞门，供人们平日出入。门外墙上书“宫墙万仞”4个大字，意为“夫子之墙数仞，不得其门而入”，只有出了状元才能拆除。蒙城县没出过状元，故这四字一直留着。门后为泮池，池上有泮桥。桥西侧有一井，名圣井，“圣井甘泉”旧为蒙城八景之一。大成门东连名宦祠，西接乡贤祠。大成殿前两侧有东、西配庑，殿东有节孝祠，殿西有忠义祠，殿后有藏经阁。东院是文昌宫，西院是明伦堂。文庙周围有环绕宫墙，院内遍植松柏，立有碑刻、石雕。自清末以来，文庙屡遭兵劫，建筑倾圮，1966年至1976年时期，又遭破坏，今仅存大成门、大成殿东西两庑、乡贤祠、名宦祠等建筑。

大成殿（原名先师殿）是文庙的主体建筑。殿内正中原有神龛供奉孔子牌位，两旁有颜回、曾子、子思、孟子及十哲牌位。殿北墙并立八块屏风，上书“孝、悌、忠、信、礼、义、廉、耻”八个大字。殿上方悬有康熙、乾隆皇帝御书的“万世师表”（图1－23）“生民未有”“与天地参”三块匾额。殿前月台高1米余，是祭孔的场所，旁有石阶供人登台。东西庑各7间，东庑原供孔子三千弟子，西庑原供历代贤儒牌位。大成门又名“戟门”，是通向大成殿的过道门，面阔5间。乡贤祠、名宦祠各三间，忠孝祠、节义祠各一间，均为青砖小瓦结构。乡贤祠原供庄子、何惟慤等地方贤士，名宦祠原供苏舜钦等在蒙城县有政绩的官吏。

图 1－23　圣人殿内的匾额

当牛群走进大殿时，殿内只有几个玻璃柜，里面摆放着尉迟寺遗址出土的器物，作为一种最简单的展示。而在大殿的西侧，若大的尉迟寺遗址沙盘使牛群瞪大了“牛眼”，这是按遗址原貌以 150∶1 的比例做出来的（图 1－24）。

他认真听取了当地文物干部关于近几年来蒙城县文物工作的汇报，了解了尉迟寺遗址的发现、发掘和收获以及在考古界、社会各界的影响。这些使牛群对尉迟寺遗址产生了极大的兴趣，还不时的问这问那。牛群说：“真没有想到咱们蒙城还有这样一

图 1－24　尉迟寺遗址沙盘模型

个宝贝疙瘩。”

看完尉迟寺遗址沙盘，牛群的心情久久不能平静。第二天下午，牛群亲自带队，由蒙城县文化局、文物管理所的负责同志陪同，驱车赶赴距县城 20 公里外的尉迟寺遗址，牛群和尉迟寺遗址所在地的许疃镇领导边走边聊，面对遗址上俯首皆是的陶片，牛群再一次感到惊讶。他拉着时任许疃镇党委书记胡少华的手说：“这是宝贝，咱可要把这事放在心上，因为这里的地下都是宝，你们可要保护好，落实在行动上，不能有任何破坏。”为了让牛群放心，胡书记还面对摄像机当场作了表态。

毕竟是文化人！牛群了解了尉迟寺遗址在学术界的重要价值后，心中暗想，蒙城县应该有三大支柱：第一是尉迟寺遗址，第二是庄子故里，第三是牛经济。如果通过发掘必定会产生社会效益，咱们应该筹集资金再次发掘尉迟寺遗址。牛群的想法得到了蒙城县其他领导的认可。

牛群说：“文化层次越高的人，越想回顾历史；经济生活越好的人，越要追求文化。物质的东西是很简单的，而只有历史这个文化，几千年也咀嚼不透。”

他怀着要把蒙城县这座“金矿”保护好、开发好、利用好的心情，拨通了笔者的电话。可我只能无奈的告诉“牛哥”，“尉迟寺遗址不能继续发掘的原因，是因为没有钞票呀。”牛群在得知缺少发掘经费后，毫不犹豫地说：“再大的困难也要克服，一定要全面揭开这地下的秘密，还世人一个明白，不去了解我们的古代文明，就谈不上建设现代文明。”他决定由蒙城县筹集资金发掘尉迟寺遗址。说干就干，这就是牛群精神。

为了使尉迟寺遗址能够得到进一步的发掘，牛群多次奔波于蒙城县与北京市之间。记不住是哪一天，“牛哥”又拨通了我的电话，让我去“牛棚”（牛群住所）一趟，我激动的直奔他的住处，面对面的谈谈想法（图1－25）。

图1－25　笔者与牛群在牛群住所

2001 年初，应安徽省蒙城县牛群副县长的邀请，时任中国社会科学院考古研究所所长的刘庆柱、副所长王巍、笔者（安徽队队长王吉怀）在“牛棚”共同商定了尉迟寺第二阶段发掘计划（图 1－26）。

图 1－26　在“牛棚”谈尉迟寺发掘事项
［从左至右：王吉怀（笔者）、牛群、刘庆柱、王巍］

2001 年 4 月 4 日上午 10 点，在蒙城县文物管理所的圣人殿，县委主要领导和牛群副县长同中国社会科学院考古研究所举行了尉迟寺遗址第二阶段发掘的签字仪式（图 1－27）。

蒙城县县委和县政府作为投资方，中国社会科学院考古研究所作为发掘方，达成了默契的合作协议（图 1－28）。

同时，蒙城县县委、县政府为尉迟寺遗址的发掘工作印发了〔蒙办第 56 号〕红头文件（图 1－29），专门成立了尉迟寺遗址发掘领队小组，牛群亲自担任组长，县属各局局长担任小组成员，老文物干部担任顾问，形成了一个庞大且强有力的领导机构，为

图1－27　尉迟寺遗址第二阶段发掘签字仪式

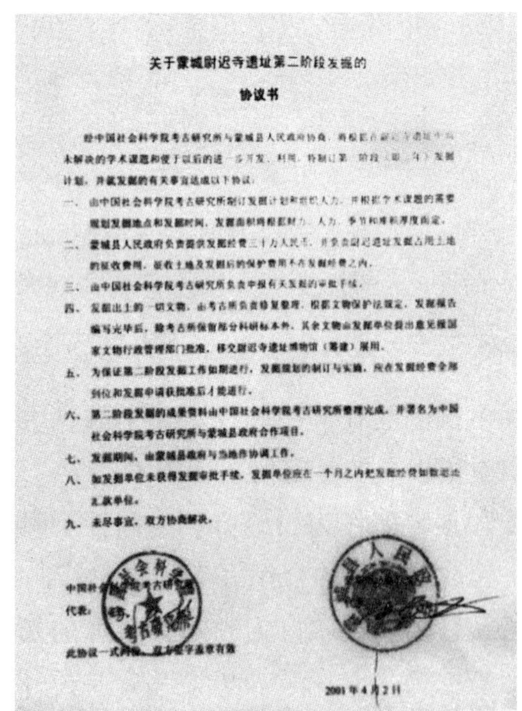

关于蒙城尉迟寺遗址第二阶段发掘的

协议书

经中国社会科学院考古研究所与蒙城县人民政府协商，将根据[illegible]遗址中尚未解决的学术课题和便于以后的进一步开发、利用，特制订第二阶段（两年）发掘计划，并就发掘的有关事宜达成以下协议：

一、由中国社会科学院考古研究所制订发掘计划和组织人力，并根据学术课题的需要规划发掘地点和发掘时间，发掘面积将根据财力、人力、季节和堆积厚度而定。

二、蒙城县人民政府负责提供发掘经费三十万人民币，并负责尉迟寺遗址发掘占用土地的征收费用，征收土地及发掘后的保护费用不在发掘经费之内。

三、由中国社会科学院考古研究所负责申报有关发掘的审批手续。

四、发掘出土的一切文物，由考古所负责修复整理，根据文物保护法规定，发掘报告编写完毕后，除考古所保留部分科研标本外，其余文物由发掘单位提出意见报国家文物行政管理部门批准，移交尉迟寺遗址博物馆（筹建）展用。

五、为保证第二阶段发掘工作如期进行，发掘规划的制订与实施，应在发掘经费全部到位和发掘申请获批准后才能进行。

六、第二阶段发掘的成果资料由中国社会科学院考古研究所整理完成，并署名为中国社会科学院考古研究所与蒙城县政府合作项目。

七、发掘期间，由蒙城县政府与当地作协调工作。

八、如发掘单位未获得发掘审批手续，发掘单位应在一个月之内把发掘经费如数退还[illegible]款单位。

九、未尽事宜，双方协商解决。

中国社会科学院考古研究所

代表：

此协议一式两份，双方签字盖章有效

2001年4月2日

图1－28　合作协议书

尉迟寺遗址的发掘工作大开绿灯。中国社会科学院考古研究所早已制订好了发掘计划，国家文物局也非常支持尉迟寺遗址的发掘工作，很快就批发了“中华人民共和国考古发掘证照”。

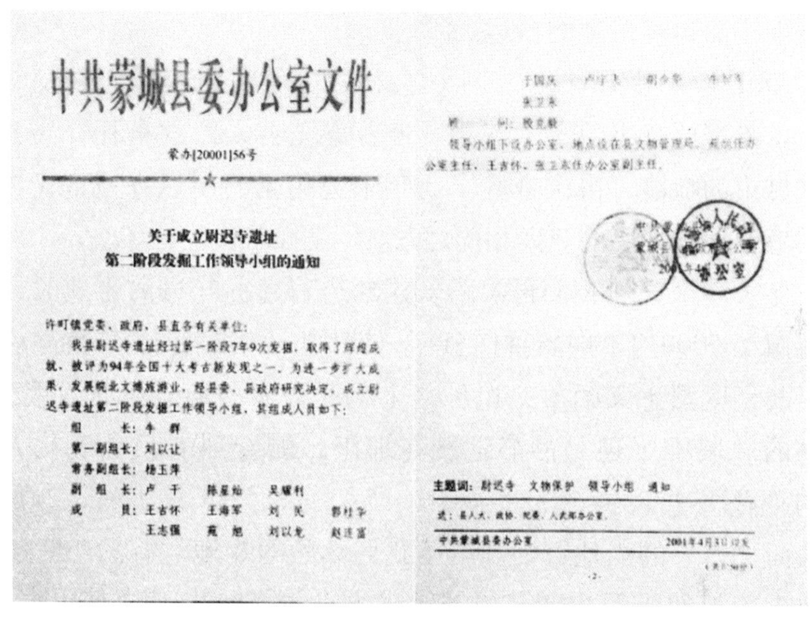

中共蒙城县委办公室文件

蒙办[20001]56号

关于成立尉迟寺遗址
第二阶段发掘工作领导小组的通知

许町镇党委、政府，县直各有关单位：

我县尉迟寺遗址经过第一阶段7年9次发掘，取得了辉煌成就，被评为94年全国十大考古新发现之一。为进一步扩大成果，发展皖北文博旅游业，经县委、县政府研究决定，成立尉迟寺遗址第二阶段发掘工作领导小组，其组成人员如下：

组　　长：牛　群
第一副组长：刘以让
常务副组长：杨玉萍
副 组 长：卢　干　陈星灿　吴耀利
成　　员：王吉怀　王海军　刘　民　郭社学
　　　　　王志强　苑　旭　刘以龙　赵连富

[illegible]
张卫东
顾　　问：[illegible]

领导小组下设办公室，地点设在县文物管理局，[illegible]任办公室主任，王吉怀、张卫东任办公室副主任。

主题词：尉迟寺　文物保护　领导小组　通知

送：县人大、政协、纪委、人武部办公室。

中共蒙城县委办公室　2001年4月3日印发

·2·

图 1－29　蒙城县的红头文件

作为发掘主持人，笔者很激动，因为我感到，这壶已经烧到90度的水，能够继续加火升温了。这一次，又能穿越5000年的时空隧道，走进祖先的住宅，去了解他们刀耕火种的生活状况，揭秘“中国原始第一村”的兴与衰。

十　考古队重返尉迟寺

从第一阶段第九次发掘结束的那天起，我的心情就一直难以平静。尉迟寺遗址虽然发掘了九次，但由于地层厚、文化迹象复杂，才揭露了不到1万平方米，还有大量的不为人知的秘密埋在地下，尉迟寺遗址的发掘工作划上的只是顿号。

我曾不止一次地思索着：还能继续发掘吗？还能让尉迟寺遗址再现昔日的辉煌吗？没想到，由于蒙城县牛群副县长的到来，又给尉迟寺遗址的发掘工作燃起了希望，他的这把火，实实在在地改变了尉迟寺遗址的命运。

2001 年 4 月 15 日，中国社会科学院考古研究所重新组织人力，带着需要解决的学术课题、带着蒙城县人民的重托，离开了现代城市的喧嚣，再次进驻了 5 年未曾相见的尉迟寺遗址，再一次去感受远古先民的鸡犬相闻之景。

冬去春来，当我们再次踏入这片透着远古气息的土地时，这处沉睡了 5000 年的古老村庄还是依然如故，显得十分寂静。这里对我们既熟悉又陌生，遗址之上仍是一片普普通通的庄稼地，高高的“堌堆”还是静静地躺在那里，能看到的只是现代人耕作的身影。

而尉迟寺的当地百姓却给了我们热烈的欢迎。有的小学生在墙上歪歪扭扭地写出了“欢迎考古队”的字样。我们所住的毕集村，由村领导干部带队，红旗招展、敲锣打鼓的给考古队送来慰问品（图 1－30），并给考古队送上了一面锦旗（图 1－31）：“赠给中国社科院考古所安徽队——许疃镇毕集村两委”。这表达了毕集村老百姓对考古队的心情，其中，也包含着沉甸甸的希望。

开工的第一天，民工们不请自到。他们多数参加过前期的发掘，所以，都知道该带什么工具。毕集村就像办喜事似的，村民买了糖果，在发掘现场摆出了上百米长的开工鞭炮（图 1－32），随着第一锹土的挖动，工地是鞭炮齐鸣（图 1－33），给第二阶段的发掘留下了好的彩头。

图 1－30　毕集村老百姓送来慰问品

图 1－31　毕集村给考古队送锦旗

图 1－32　毕集村为开工准备了鞭炮

图 1－33　发掘现场鞭炮齐鸣

在毕集村，全家参与考古发掘的不在少数。以前，每逢考古队住进村里，不少人都放下手中农活，赶到发掘现场，越来越多的毕集人开始吃上了带有文化意味的考古饭，这对于相对贫困的毕集村来说，尉迟寺的发现、发掘、开发或许为毕集村脱贫致富提供了一个历史契机。

十一 发掘现场热闹非凡

自从相声演员牛群到蒙城县担任副县长以来，蒙城县就有了“牛县”之称，而且“牛县”的名气一天天地大起来了，但是在蒙城县，最“牛”的地方应该是尉迟寺遗址了。

作为考古发掘现场，即使是人员再多，也应该是一个非常严谨的场所，绝对有别于像农村大规模的修河、修路和农田基本建设这样的劳动场面。但由于牛群的参与，其局面就较难控制了。

络绎不绝的参观者不仅想去发掘现场看热闹，更重要的是奔着牛群而去。加上发掘现场就在省道边，人头攒动的场面尤为引人注目，一些长途车旅客甚至在此下车一看究竟。

尉迟寺遗址的知名度不仅吸引了各级领导和各机关单位，同时也吸引了社会各界。每天大车、小车不断，发掘现场一时变成了旅游胜地。为了更好地维持秩序，保证发掘现场的安全，蒙城县武警官兵主动来到工地请战，义务维持秩序（图 1 – 34）。

住在涡阳县的一位年轻人张小磊，当时还是名中学生，但酷爱考古，他每个星期天都骑着自行车，从数十里外的家乡专程赶到现场，想感受一把考古的乐趣，并励志一定要报考有考古专业的大学（后来小伙子心想事成，考古专业毕业后又考上了研究生，现在也是一名考古工作者）。

第二阶段的考古工作，每天都有新的发现，成果也随着媒体的报道，传到了千家万户。在参观的人群中，除了有各机关单位

图 1－34　武警战士在发掘现场接受任务

的工作人员，也有不少过路人，更有周边十里八里外的乡亲们。他们有的骑着摩托车、有的开着拖拉机，像赶集似的来往不断，就连本应是走乡串户以乞讨为生的说书人也到现场助威（图 1－35）。

这些不请自到的说书人，可不是为了乞讨，而是为了给干活的民工加油助威。本不应出现在考古发掘现场的情景出现了：笑声和喝彩声此起彼伏，那样子，就像我们在电影里看到临战前宣传队鼓舞士气的情景一样。最可贵的是，他们能根据发掘现场的实际情况现编现演：

红旗飘来东方亮，毕集村那个真不瓤，老少人民都来到，黑天白天都挖这土。五千年前那个真不瓤，泥巴活儿能捏成墙，一栋栋房子，一栋栋梁……

图 1－35 现场说书人之一

当地电视台的记者抓住时机拍摄，对于这些不请自到的民间艺人来说，还真正实现了一次上电视的“演员梦”（图 1－36）。

图 1－36 现场说书人之二

第二阶段的几次发掘，每次规模都很大，每天至少需要 200 多名民工，即使是毕集村能干活的人员全部到齐，也是供不应求，因此，当地政府动用了 4 个村的民工，形成了一个“考古大会战”的场面（图 1 –37）。

图 1 –37　第二阶段发掘现场

上工、下工之时，民工队伍浩浩荡荡。挖史前遗址，像这样的规模、人数还是空前的。每天 7 块钱的民工费并不高，这体现了当地百姓的奉献精神，他们的积极参与和工作热情，也是其他地方所罕见的。

尉迟寺遗址第二阶段发掘自 2001 年的 4 月中旬正式开始，牛群副县长曾多次亲临现场，了解情况，协调关系，解决一些亟需解决的问题。平时，只要他在蒙城，只要发掘出重要遗迹、遗物，电话打给他，他半小时准到。发掘现场树起的“中国原始第一村”牌子，上面的几个大字还是他亲自题写的呢（图 1 –38）。

图 1－38　牛群为尉迟寺题字

参观者每次来到此处，除了能观看大规模的考古发掘现场，还能与名人零距离接触，更不会错过在这个中国独一无二的牌子前留个影（图 1－39）。

图 1－39　在“中国原始第一村”牌子前留念

如果碰到牛群在场，有心人都绝对不会放过与他合影的机会。再说牛群，既没有名人的架子，也不摆领导的谱，无论是谁和他照相，都是来者不拒。为了记录牛群在尉迟寺遗址的点点滴滴，《中国文物报》在2001年9月2日，用大篇幅刊登了一篇报道《牛群在尉迟寺遗址的“幸福生活”》，一时引起了不小反响。

有人说，考古人在尉迟寺遗址看到了人类文明的希望，而蒙城人则在牛群副县长的努力下看到了尉迟寺的未来。蒙城人也没有想到，在尉迟寺遗址停工的5年后，在牛群的努力下，考古工作者再次踏上了这块神圣的土地，发掘工作真的是“东山再起”。考古队带着牛群副县长的厚望，进一步探索“牛县”地下埋藏的秘密，再现尉迟寺遗址那昔日的辉煌。

当时，已经快到麦收时节，村前村后却显得空空荡荡的。除了一些年轻人到南方城市打工外，毕集村大批村民都到尉迟寺遗址参加考古发掘去了。考古工作者精神百倍，民工干活情绪高昂，你要是问，“中国原始第一村”是怎样挖出来的，那可比大跃进年代更跃进，民工们个个都是甩开膀子干（图1－40），背的背，抬的抬，扛的扛，那情、那景，着实让我们感动。后来，尽管每天的工

图1－40　尉迟寺遗址发掘人员努力工作

钱涨到10块，但我们也知道，朴实的毕集村人所付出的和得到的不成正比。这里边不仅仅是奉献，更重要的是寄托着毕集村人的厚望。现在的尉迟寺人知道，老祖宗给他们留下了无限的财富，以后的祖祖辈辈都取之不尽、用之不竭。

十二 牛群学考古

担任发掘领导小组组长的牛群在蒙城县可算是个大忙人。就是在发掘现场这个短暂的时间里，都说不清要接多少个电话。有人说他天天“牛不停蹄”，这一点都不过分。他在外地谈项目的时候，心中始终惦记着发掘工作，因为他肩上还挑着组长的重任。一回到蒙城县，他更是“牛不停蹄”地奔赴发掘现场，了解发掘情况。

初次步入尉迟寺遗址的牛群，可算得上是一个特殊人物。他走到哪里，欢声笑语就出现在哪里。当乡亲们得知牛群要来工地时，已经下了班的民工都久久不愿离去，为的是能亲眼看到这位名人的“光辉形象”。

牛群第一次来到工地，就给发掘现场掀起了高潮，还没有走到发掘现场，人们就把他围了个“里三层、外三层”。而他走在“探方”间，完全忘了自己是县长的身份，俏皮地走在隔梁上（图1－41）。

他的目的只有一个，给大家带来欢乐。但是，他的每次到来，也或多或少的给工地带来“麻烦”。民工放下手中的活，跟着牛群团团转，目不转睛地看着这张熟悉又陌生的脸，有人竟起哄让牛副县长给大家说段相声。而牛群呢，没有丝毫官气，还时不时地逗逗大家，大家对他的感受是名人不摆架子。因此，他成了发掘现场备受欢迎的人物。

记者问牛群：“你知道这地底下埋的是什么东西吗?”牛群风趣的说：“我要说知道，这话太大了，就是知道也是刚跟专家学来的。”

图 1－41 牛群在发掘现场

牛群时常到工地看望发掘人员，每次都忘不了问寒问苦："还有什么困难需要解决。"我们每次都满意地告诉他："在组长的关心下，发掘工作进展顺利。"他说："我给大家深深的鞠一躬，以表达对你们辛苦的敬佩之心。"（图 1－42）

我们知道，牛群的这一躬，寄托着多么沉重的希望啊。

他对考古发掘的好奇感，就像一个不耻下问的小学生。他除了听听发掘收获汇报外，还要亲手拿起工具过一把考古瘾（图 1－43）。他两腿往地上一跪，那认真劲儿，比一个专业人员还投入（图 1－44）。

有一次，他在清理一座大约 1 岁左右的儿童瓮棺葬时，突然问到："怎么没牙呀"？我说了一句："1 岁的小孩……"，我的话音未落，牛群突然领悟，一拍大腿："我想起来了，我 1 岁的时候也没长牙呢。"（图 1－45）一句话，逗得大家笑的前仰后合。每当遗址中有新的发现，牛群都按捺不住激动的心情，要到现场看新鲜，学考古。

图 1－42　牛群看望发掘人员

图 1－43　牛群学考古

图 1－44　牛群认真清理儿童墓葬

图 1－45　牛群学考古，不耻下问

有一天，工地发掘出了一件文物，牛群拿起来，觉得这个小东西很有意思（图1－46）。他拿在手里摆弄着，左看看、右看看，问我是干什么用的，我说："你猜猜。"其实我也说不清。他便有意无意地套在了自己的无名指上（图1－47），好像突然领悟似的说，"是定亲的戒指吧"，一句话又让大家笑得肚子疼。接着，他又说了一句："不，是缝衣服的顶针。"整个现场又是笑声不断。有句话说："上山容易，下山难。"在这里叫做："带上容易，取下难。"费了九牛二虎的劲，这件东西就是取不下来了。当时我说："为了文物的完整性，只能献出你的手指头啦。"最后，又是用肥皂水、又是用润滑剂，终于取了下来，牛群风趣的说："哈哈！我的手指头保住了。"（图1－48）

图1－46　**牛群看文物之一**

图 1－47　牛群看文物之二

图 1－48　牛群看文物之三

2002 年春季，发掘工作每天都在有条不紊地进行着，同时，各个探方也在不断的出土陶片。其实，我们对出土的陶片也是见多不怪，但总会习惯性的拿起来看看。当看到一个似鸟头形状的陶片时，引起了我们的高度关注：当即在原地进行了拼接，竟然拼出了一件特殊的器物。之后，我们连夜进行粘接、塑型、修补，终于在我们面前出现了一件从未见过的器物，这又是一项突破性的发现。它不是一件实用器，取名为“鸟形神器”。当“鸟形神器”修复成型后（图 1 - 49），牛群高兴地看了又看，激动地说：看看，看看，仅仅是把它搁在一张普通的桌面上，它也显得那么高贵，那么优雅。它的光芒似乎把它身后的麦田照得熠熠发光。实际上，这件“鸟形神器”就是一种鸟图腾崇拜的标志物，或是一种具有权力的象征物。继“鸟形神器”出土以后，又

图 1 - 49　鸟形神器

出土了几件奇特的“七足镂孔器”（图1－50），这也是国内乃至国际罕见的器物造型。牛群又一次瞪大了牛眼，边看边摸头，似乎难倒了这位副县长大人。他问身边的时任中国社会科学院考古研究所的王巍所长：“这种器物是干什么用的?”（图1－51），还没等王巍说话，大胆的牛群突然摆出了一个奇怪的姿势，把“七足镂孔器”竟然放到了自己的头上（图1－52），这个牛像，逗得大家把眼泪都笑出来了。

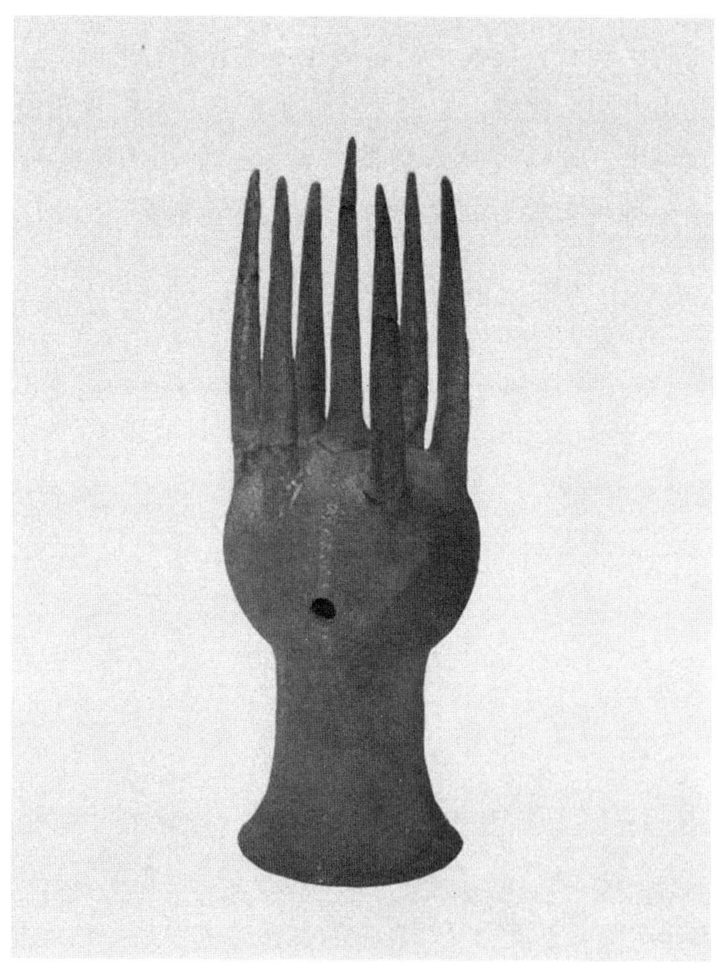

图1－50　七足镂孔器

图 1－51　牛群对“七足镂孔器”好奇

图 1－52　牛群理解“七足镂孔器”的“用途”

在发掘现场，除了应付民工的围观外，牛群也逃脱不了记者的现场跟踪（图 1－53）。有记者问他：“你在蒙城县任职两年，两年之后你将会给蒙城县留下一个什么样的尉迟寺？”

图 1－53　牛群接受记者采访

牛群爽快地回答：“我的任职是两年，两年之后，我的心将会留在蒙城（县），无论如何我都会用心去做好这件事情。”记者又问：“两年后你会不会改行干考古？”牛群风趣地说：“现在已经开始了。”工地又是笑声一片……

第二阶段发掘工作的开展可以说是牛副县长为蒙城人民做了一件大好事，但他并不满足于发掘工作已经有了良好的开端，他在思索着怎样迅速提高“中国原始第一村”的知名度，怎样为全面开发这一旅游资源做准备。

第二阶段的第一次发掘结束后，当我回到北京不久，牛群也回到了北京。他把我邀请到他在北京的“牛棚”，将他名为“牛眼看家”的新系列摄影作品集和在莫斯科签名的 36 位文体明星支持北京申奥的邮票送给了我。这是一份沉甸甸的礼物，我深知其中的分量，因为这不是一般人能得到的。“有来无往非礼也”，我也把第二阶段第一次发掘时牛群在现场“视察”的照片送给了他。我深深地知道，爱摄影的“牛哥”一定会喜欢它，因为照片记录的是牛副县长在蒙城县任职的一个组成部分，是他对尉迟寺遗址的心和情，记录着他为尉迟寺遗址付出的点点滴滴。若干年以后，肯定能成为牛群的一段美好回忆。

十三　“百米长屋”与世人见面

第二阶段发掘的第一个目标就是首先揭开“百米长屋”。这是在第一阶段第一次发掘时钻探得到的信息。这排长屋给我们发掘带来了不小的难度。因为，房子是东南—西北向的，而我们的“探方”又得是正南北向，并且土层深达 5 米以上，如果布方不准，遗迹就不能完全暴露出来，就要涉及到扩方、翻土，无形给后期带来很大的工作量。为了正确把握这排“百米长屋”的确切位置，布方之前必须进行详细的钻探，才能摸清地下遗迹分布的情况。最后，900 平方米的发掘面积一次性开工，36 个 5 米 × 5 米的探方错落有序的覆盖于“百米长屋”之上（图 1－54），成为尉迟寺遗址发掘以来规模最大的一次。200 余名民工好像参与了一次大会战。每天的发掘工作紧张而有序地进行着，探方一天比一天深；而探方内每向下一点，都意味着将要跨过数百年甚至上千的时空。

在发掘期间，安徽省电视台和蒙城县电视台跟踪报道了发掘的全部过程。媒体的宣传在给尉迟寺遗址带来知名度的同时，也给发掘现场带来了烦恼。每天的参观者络绎不绝，900 平方米的发掘范围已容纳不下拥挤的参观者。于是，当地百姓看到了商机，用养鸡的网子把发掘现场围了起来，并设立了一个简易式的大门

图 1－54　“百米长屋”发掘现场

（图 1－55）。他们以卖票的方式来控制参观的人流。这一招，使得附近卖冰棍的生意也跟着火了一把。

在将近两个月的紧张工作后，原来的“堌堆”北部变成了一条“人工大峡谷”，在距地表近 5 米深的时候，像一条红色长龙似的红烧土堆积完全被暴露出来，而且不偏不斜地暴露在所布的“探方”内，这是红烧土排房倒塌后的堆积（图 1－56）。

迹象明确，就可以有的放矢，我们便安排人员对红烧土堆积进行清理（图 1－57）。

随着清理工作的进展，这些房间的布局越来越清晰（图 1－58）。

最后，一排 11 间相连、长达 60 米的大型建筑展现在我们眼前（图 1－59），如此大规模的房子，是尉迟寺遗址的第一次发现。

图 1－55　尉迟寺遗址第二阶段发掘现场

图 1－56　尉迟寺遗址“百米长屋”

图 1－57　尉迟寺遗址第二阶段发掘清理“百米长屋”

图 1－58　“百米长屋”逐渐清晰

图 1-59 十一间相连的“百米长屋”

牛群又一次闻信来到现场，这里看看，那里瞅瞅。看到此情此景，他伸出大拇指，感慨地说：“什么叫本事？什么叫技术？5米多厚的土层能不偏不斜地把下面的遗迹套进去，不能不让人佩服，这就叫技术。”

别看不起这些不起眼的红烧土块，它们是考古队的宝贝疙瘩，因为一切秘密将要通过红烧土块来揭开。

十四 5000 年前的豪华住宅

尉迟寺遗址的发掘对研究中国古代建筑史是一个重大突破，说它是中国史前建筑史上的惊叹号，一点都不为过。

“百米长屋”的建造，具有独特的工艺和建造方法。根据我们清理时发现，这批房子的建造基本上要经过挖槽、立柱、抹泥、烧烤的过程。

第一，挖槽。根据要建房子的面积，先在地面挖出一个浅穴，四周挖出沟槽。

第二，立柱。在沟槽中栽上密集的木柱，直至捆绑成一个房子模样的框架。

第三，抹泥。然后在框架两边抹泥，直至把墙体的厚度抹到50 厘米。

第四，烧烤。晾干后进行焙烧，最后把房子烧成一个坚实的硬壳，形成一个既保温又防潮并且冬暖夏凉的良好的居住空间。

在尉迟寺遗址，房子是最大的一宗遗址，也是原始人烧制的最大的一件陶制品，它从一个侧面反映了我们老祖宗的建房艺术。

尉迟寺遗址出土的房子不是三间五间，它出土的是成排成组的房子，这么大的规模，不说古代耗费了多少人力、物力，单从当时的技术上来说都很了不起。

原始人在生产力水平低下的情况下，凭着聪明的脑袋，用一双勤劳的手，能建造出这样豪华的建筑来，是多么的不容易。我们曾不止一次地想，这批房子在建造过程中，尤其是在抹泥成屋但未烧制之前，如果赶上雨季怎么办？也许曾经失败了很多次，但原始人最终还是成功了。

了解了原始人烧烤房子的工序以后，我们就在想，难道我们今天的能力还比不上原始人吗？为此，我们就在遗址附近模仿原始人挖槽、立柱、抹泥、烧烤的工序进行了一次模拟再现（图1 -60）。

我们建造了一个不到3 平方米，就像猪圈式的小房子，用了近5000 公斤废木料，烧了48 个小时，用工40 个。但是，一起火就出现了问题，房顶塌落成一个大窟窿，火势直冲云天，只能停火重建房顶。反复了好几次，房顶总算保住了，烧烤温度经过现场测试已经达到了900 度，50 厘米厚的墙体和30 厘米厚的房顶都

图 1－60　模拟再现制造房屋

烧透了，但是，被烧过的墙体和房顶没有任何硬度，就像糕点中的桃酥一样，用手一攥就碎。你想想，这样的房子烧出来谁敢去住啊（图 1－61）。

我们模拟再现所烧的房子既不坚固，又不美观。仔细的琢磨，今天的我们难道就真的不如原始人吗？这么小的房子都烧不成，那原始人的房子那么大、那么多，而且红烧土块都像砖头一样硬，这里边肯定有它成功的奥秘。我们总结了失败的经验，认为这与选土、和泥、筑墙、晾干、焙烧以及火候的控制都有关系。

通过我们的实验可以知道，当时，在原始人烧房子的时候，不知道失败了多少次，但最后还是成功了。这就是我们勤劳、智慧的祖先在距今 5000 年前创造的奇迹，它为中国建筑史竖起了里程碑。

图 1－61　烧烤过的模拟房子

十五　现场直播的前前后后

尉迟寺遗址的重大发现早已是声名远扬。2001 年 8 月的一天，中央电视台《东方时空》的记者来到中国社会科学院考古研究所找我，问我有没有直播的必要？我没有正面回答他，只是实事求是的把尉迟寺遗址的重大发现、学术价值和意义以及在社会上的反响说了一遍，并把前期的发掘照片拿给他看。看后，这位记者毅然决然地说："播。"我又插了一句："第二阶段的发掘，应该感谢牛群。"他问："哪个牛群？"我说："就是说相声的牛群啊。"他高兴地说："那是我们哥们啊。"嗨！开始我还认为，中央电视台要现场直播是牛群在背后的活动呢，这时我才明白与牛群并没有关系。

2001 年 10 月 5 日，中央电视台《东方时空》的直播车，浩浩荡荡地开进了尉迟寺遗址（图 1－62），在遗址的一侧形成了车的长龙。当地政府非常重视，架起了“专项电”，保证用电需求。为了与观众互动，现场还安装了两部直通电话，随时解答直播期间观众提出的问题。还在现场用帐篷搭起了直播间（图 1－63）。

图 1－62　2001 年 10 月，中央电视台《东方时空》直播车开进尉迟寺遗址

图 1－63　2001 年 10 月，中央电视台直播现场的直播间

2001 年 10 月 6 日，提前进行了两遍彩排，中国古代建筑专家杨鸿勋和我当起了男主角，在导演的指导下，过了一把演员瘾。

附近的农民知道了这个活动，蜂拥而至，原本在工地干活的民工，直说直播那天不给工钱也来干活。最后，只能用发工作证的方法，控制了在场的民工数量。尽管一道警戒线把无关人员拒之线外（图 1－64），但线内仍然是人头攒动（图 1－65）。直播现场内倒是秩序井然。中央电视台固定了 4 个机位，民工位置也分配就绪，到时候该干什么活，他们也都心中有数。

直播时间预定在 2001 年 10 月 7 日上午 8 点，可 6 日晚上老天就要准备变脸，突然阴了起来，这可吓坏了我们全体工作人员，晚上大家不停地看天，心里祈祷着："千万别下雨啊！"一夜难眠，第二天一早，没想到老天爷还真给面子，只是阴天，对直播没有影响。8 点之前，直播现场通过卫星接通了中央电视台的信号，直播准时开始（图 1－66）。

这个时间正好是"国庆黄金周"，很多朋友都走出家门，用自己的脚去丈量名山大川，用自己的眼睛去领略名胜古迹；而在假期的最后一天，中央电视台却带领观众跟随摄像机到 5000 年前的原始村落去进行一番神游、探访，让观众真正走进了原始先民的田园生活之中（图 1－67）。40 分钟的直播，使观众们仿佛看到了原始聚落中的炊烟四起之景，闻到了原始先民的饭菜飘香，也让他们感到自己好像变成了原始先民中一员。同时，通过模拟再现房屋制作过程，让大家体会到了原始先民在建造红烧土房屋时的聪明、才智和艰辛。"中国原始第一村"在 21 世纪共和国第一个生日期间，一举成名……

图 1-64　2001 年 10 月 7 日，中央电视台直播现场外围

图 1-65　警戒线内

图 1－66　2001 年 10 月 7 日，中央电视台现场直播

图 1－67　发掘现场直播细节

十六　媒体异常关注

尉迟寺遗址这一传统文化瑰宝，它的每一步进展都牵动了考古界关注的目光，也成为了媒体和游客关注的焦点。第二阶段第一次发掘刚开始，安徽省电视台指定了特派记者何孔勇进驻尉迟寺考古发掘现场，同吃、同住、同上工。何孔勇是安徽省电视台一个文绉绉的青年记者，思路清晰，一副金边眼镜衬托出他的聪明精干。他有一个最大的特点，就是在工作之余喜欢站在农村的猪圈旁，他的一句名言是："我就喜欢闻猪圈的味。"

安徽省电视台进行了为期一个月的跟踪报道，每天拍完马上传送到安徽省电视台，作为"新安晨讯"播出。同时，新华社、《人民日报》、中央电视台、中央人民广播电台等50余家媒体和热门网站纷纷把目光聚集在这里。媒体的报道使尉迟寺"声名鹊起"，甚至参观者让发掘现场不堪重负。

这里不能不提到不远千里来到蒙城县的台湾某电视台"海潮风情"摄制组（图1－68）。

说来非常的好笑。当天上午下班时，我们并没有得到通知，下午有媒体来工地采访。午饭时，我们几个好像中了邪，发了疯的比赛吃臭豆腐，还开玩笑说，准备下午在工地，站在上风口一块哈气，熏倒俩仨的。下午还没有上工，这个摄制组突然光临，让我们措手不及。零距离采访的记者是位年轻漂亮的女士，拿着话筒直往我身边凑，我恐怕人家闻到臭豆腐味，吓得直躲，人家还步步紧跟。说实话，那会，大气都没敢喘，也不知道他（她）们当时的嗅觉如何，嗨！别提多尴尬啦。

2002年5月，福建省电视台《发现档案》栏目组准备新的节目，原定是去南京市的双沟地区拍摄1800万年前的古猿化石，后来，他们实在是感觉摸不到"双沟醉猿"的边，便决定另辟蹊径，

图 1－68　台湾某电视台采访

来到了安徽省蒙城县，目标盯上了尉迟寺遗址。

天刚蒙蒙亮，鸡犬相闻，简单地吃完早饭，发掘人员三五成群的往尉迟寺遗址走去。他们也跟随着村民的脚步，穿过黄澄澄的麦田，来到了尉迟寺遗址的发掘现场。经过连续 4 天的跟踪采访和后期编辑，他们制作出了长达 60 分钟的专题片《中国原始第一村》，播出后引起了不小的反响。

十七　“中国原始第一村村长”的来历和趣事

尉迟寺遗址距毕集村有 200 米，从 1989 年发掘开始，我在这条乡间小路上，来来往往走了十多个年头，毕集村的老少爷们似乎早已忘记了我的真实身份，有人便给我封了个“村长”的头衔。我心里明白，我主管的不是毕集村，而是这座沉积了近 5000 年的原始村落。为此，北京电视台和亳州市电视台还作了一个专题采访，《访“中国原始第一村村长》。有人说：“在蒙城，牛群是第一名人，‘村长’是第二名人。”这话确实不假。当时牛群还握着我的手说：“你了不起，你是中国和世界上最牛的村长。”我说：“再牛的村长，也还是在县长的领导下啊。”不管怎么说吧，作为“村长”的我，却有一份自豪感和成就感。当记者问我：“大家叫你‘村长’，你有什么感想?”我只能说：“这是大家对我工作的认可。”

有一次，我在当地澡堂泡澡，突然，澡堂老板拍着我肩膀说：“哎，今晚没喝酒啊，脸不红嘛。”我以为他认错人了，只是客气地应付了一句。没想到老板又凑到跟前，来跟我打听尉迟寺遗址的情况，我才明白那人没认错人。临走时，他还拿了一大叠澡票送给我。

多年来，我每年在蒙城县至少要住 5 个月，前后共“耗”走了五任县委书记。在大街上，坐了半天三轮车，下车时人家不要我付钱；在厕所里，有人上前问我可抽烟；吃饭时，甚至有人来找我要签名。不管我认识不认识，总有人想和我聊上几句。蒙城县人民的热情好客让我感动，他们希望我能把尉迟寺遗址很好地发掘出来，让 5000 年前的史前文明尽早、尽全地重见天日。

实事求是地说，一个考古工作者能在一个遗址连续干十多年的并不多。在记者采访的时候，我说出了自己的看法：“考古人有的也许一辈子遇不上一个好遗址，有的人遇上一个好遗址就能干一辈子，我就属于后者。大家封的‘村长’，也算是对我工作上的褒奖吧。”

十八　尉迟寺遗址给我们留下的印象

走进尉迟寺遗址，我们看到房子的建造方法、房子内的出土器物，都没有明显的时间差。这说明，如此大的聚落，是在较短的时间内，经过统一规划、精心设计而营建起来的。今天，我们虽然看到的只是房子的居住面和倒塌后的墙体，但5000年前共建家园的繁忙景象仿佛历历在目；我们几乎失去了时空的距离感，仿佛还能感受到先民们的体温。

当时的社会性质处于原始社会中、晚期，家庭的组织结构属于一夫一妻制的婚姻形态，所以，住房所体现的也是以个体家庭为生活单位的居住形式。他们住在同一个氏族部落中，统归氏族部落酋长的领导，过着以农耕为主的定居生活（图1-69）。他们日出而作，日落而息，年复一年，日复一日，过着和谐美满的原始生活：清晨，部落里的男人们手里拿着渔镖、鱼钩、骨镞、蚌镞、石镞走出居址，成群结队，步行数十里或上百里，进森林、踏草原、涉河流、渡湖泊，猎取各种动物。女人们或饲养家畜，或在房内催动陶纺轮纺线、织布，或去采摘各种野果。天黑后，男人们带着猎物满载而归。在宽敞温暖的房子里，女主人在灶台前忙碌，小孩还在继续玩耍……

图1-69　“中国原始第一村”复原图

当时，地球上大部分地方还处在茹毛饮血的蛮荒时代，而尉迟寺遗址已经进入了原始氏族社会中、晚期。他们以原始农业、手工业、家畜饲养业为主，还兼顾从事渔猎生产。这些长发披肩、身材健美的男男女女，住在烧制的豪华住宅里，吃的、喝的绝对是纯天然、无公害的食品、饮品。他们用石斧、石铲进行耕作，种植粟类和稻米。男人们耕田、打猎、捕鱼；女人们加工粮食、饲养家畜，还用鼎之类的陶器在灶上做饭，用陶纺轮和骨针等制作麻一类的衣服。

到2003年秋季发掘结束为止，我们在围壕之内共发现大汶口文化晚期红烧土房址为14排、18组，共计73间，总居住面积为905.45平方米，总建筑面积为1170平方米（图1－70）。如果不被以前农民的挖沟和砖窑破坏，这处遗址的建筑将更为可观。

5000年前，我们的祖先曾在这里大兴土木，建造家园。5000年后，时光已在这里定格、凝集，地下、地上轮回，缩短了时空的距离。这些琳琅满目、造型各异的陶器，仿佛还带有先民们的体温，好像还在等待我们继续使用。

当今时代，虽然塑料、玻璃、不锈钢已经取代了陶土，但这些器物的形状还一直在沿袭。这种绵绵不尽的亲切感，不得不使我们惊叹人类有着怎样坚固的、共同的心理传承。

细沙一粒一粒的流走，光阴一寸一寸逝去……5000年前的一处聚落遗址，已经彻底改变了紧邻其旁的一座现代村庄的生活。从1989年算起，许多人已经参与尉迟寺遗址的考古发掘工作十几个年头了。毕集村可以说是一个地地道道的考古村了。

一座村庄被深深埋入地底，另一座村庄却炊烟袅袅、生生不息。同样是日出而作，日落而息，从原始村到毕集村，村民们来来往往的几十年，早已习以为常。两座村庄遥遥相望，使我们产生无限的遐想。

站在5000年文明的路口，我们依稀能看到先民们围着闪

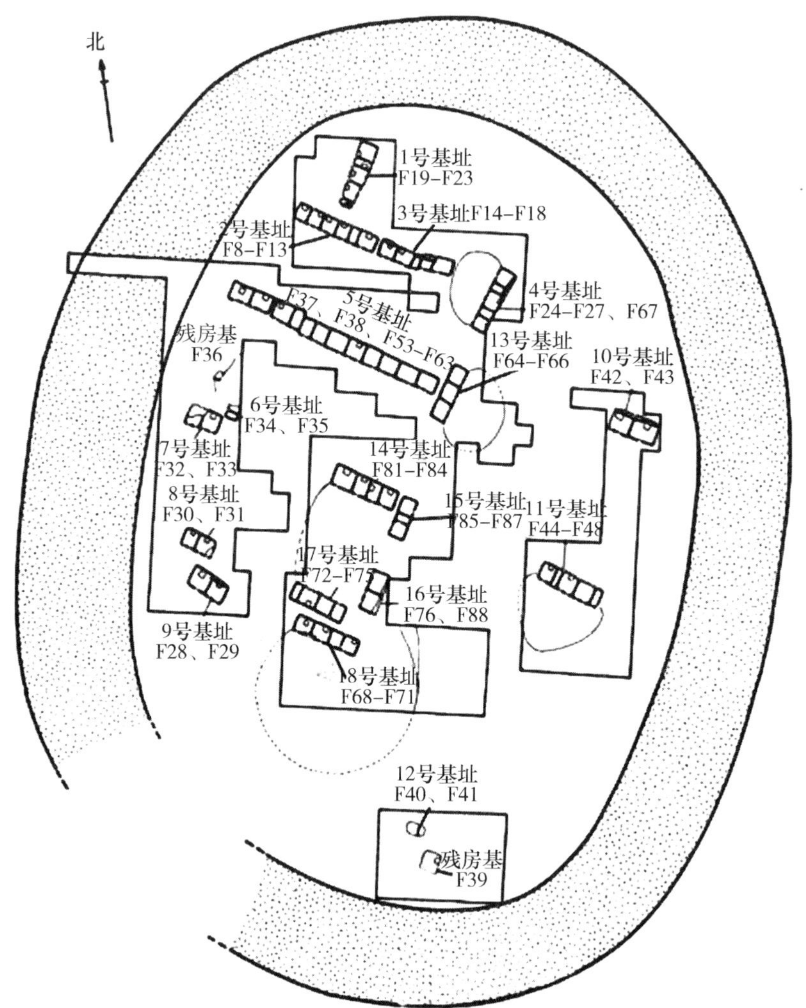

图1－70　尉迟寺遗址围壕及建筑图

烁的火焰，踩着节拍、舞动身体，为因战争和疾病凋谢的生命举行仪式。

当我们走出这处古老的原始聚落时，留给我们更多的是思索……一本《蒙城尉迟寺（第二部）》（图1－71），则是思索的结果。

图1－71　第二部尉迟寺遗址考古报告

第二篇
解读禹会村

大禹治水的故事，可以说是家喻户晓，但古书上记载的“禹会诸侯”“禹娶涂山”的地方在哪里？却众说纷纭。安徽省蚌埠市的禹会村，通过考古发掘出的遗迹和遗物，让我们走近了大禹，看到了“禹会诸侯”的盛大场面。

一　禹会村的相关传说

在安徽省蚌埠市西郊涂山南麓的淮河岸边，有一个村子叫禹会村（图2－1）。

图2－1　禹会村位置

禹会村与其他的农村没有什么两样。住在禹会村的百姓祖祖辈辈都是以农耕为主。农闲季节，外出打工；农忙时分，回来收割、耕种。

改革开放以后，农村经济搞活，他们除了从事农业生产外，又搞起了水泥板加工等副业，日子过得都比较富足。这样一个普普通通的禹会村，虽然不被更多的人所知，或在中国的版图上也找不到它的位置，但它的的确确是一个“名见经传”的地方。

住在禹会村的农民祖祖辈辈都流传着不少有关大禹治水的传

说，甚至描绘得神乎其神……

传说之一：当地人们传诵最多的就是那块具有神奇色彩的黑石，据说石头非常神奇。在大禹治水时，上天曾派“龟岭圣母”来驮装“息壤”的大葫芦，治水成功后，“龟岭圣母”成正果，但很多年之后，她摆下黄河阵，去攻打别人，欲阻止正义的战争，被三教破掉，“龟岭圣母”的道业也化为乌有。大禹非常可怜“龟岭圣母”，将其残骸收藏起来，成为黑石，放到这里。村民说，这块石头有500多斤重，当动物身上有擦伤时，便来到石头边进行摩擦，过了一会儿伤口便会愈合。此外，大旱时，所有的沟塘都干了，黑石边的这个水塘里的水仍是满满的。可惜的是，当年日军从淮河到达此处时，将石头偷走了。

传说之二：早年禹会村内的南部，还保留着一条路，叫走马岭，据说是大禹治水时到工地查看工程经常骑马所走的道路，路的尽头有一个池子，称为饮马泉。

传说之三：村庄里以前有一口井，传说是大禹捉住水怪大魔头时用作囚牢的。大禹治水时，水怪针锋相对，双方打仗，最终水怪被捉拿关于井下。所以，以前的“井”字中间还有一点，即写成“丼”，寓意中间是水怪大魔头的头，四面是锁其的铁链。

传说之四：当时“禹墟”的面积很大，在大土堆上，有两个大石碑，还有一些庙宇的残留石墙。

传说之五：“禹墟”位于村子内，以前有个大禹庙。大禹治水成功后，使当地百姓远离水患，百姓非常感动，便兴建了大禹庙。该庙一直香火旺盛，但由于连年征战和洪水泛滥，大禹庙被移到了涂山山顶。中华人民共和国成立初期，这里还有大禹庙的遗迹。

当地74岁的村民陈育贺作了一首白话诗，来纪念“禹墟”：

满园桃花风微起，飘飘落落残朵低。
几个儿童出没里，采青捡瓣学做炊。
春风不欺禹墟桃，世人似忘禹会村。
姗步留意左右顾，不见怀禹一点痕。

其实，禹会村当地很多人都说不清楚其中有更多的奥秘，更不知道村名的由来与远古时期曾经发生过的轰轰烈烈的历史故事有关。

禹会村是因古书记载的“禹会诸侯”而得名，并从古老的时代沿用至今。

战国末期成书的《吕氏春秋》中，将这里称为“禹墟”。“禹墟”的称谓在北魏时郦道元的《水经注》中得到确指，“禹墟在（涂）山西南”，这正与安徽省蚌埠市西郊禹会村的“禹墟”相吻合。应该说最迟在东周，人们即认定此地有禹迹。

西汉时期著名史学家司马迁撰写了中国历史上第一部纪传体通史《史记》，《史记》云：“夏之兴也以涂山。”《左传》在《左传·哀公七年》中也有“禹会诸侯于涂山，执玉帛者万国”的记载。在继《史记》《左传》之后的《汉书》中也有“禹会”村名的记载。

成书于晋朝司马炎太康年间的《太康地志》载：涂山“西南又有禹会村，盖禹会诸侯之地”。说明这里至迟在2000年前就被称为禹会村了。

相传，在距今4000年前，大禹在治水过程中曾经在此召集万国诸侯会盟，或共商治水大计、或庆祝治水成功、或谋划民族融合和文化大一统。总之，这里应该是“禹会诸侯”的地方。

坐落于涂山南麓的禹会村，静静地沉睡了几千年，以农业为生的现代禹会村人，成年在这块土地上春种秋收。每逢耕种季节，禹会村的村民在地里有捡不完的瓦片，年复一年，谁不知道这些瓦片的来历，他们只有心中纳闷：哪里来的这些瓦片？为什么天天捡都捡不干净？

在禹会村走一遭，你会情不自禁地感叹：在禹会村的土地上还有多少世风没有被历史湮没？地表下还有多少真实却被泥土尘封。

20世纪的五六十年代，在禹会村东侧还有一个大大的土堆，远远望去颇有几分气势。这个大土堆连老年人都说不清形成于何年何月，更不曾被人知道这个大土堆里埋藏着什么样的秘密。

有的年长者还能忆起，当年修筑村西的淮河大堤和蚌（埠）—淮（南）公路时，不知道挖出多少“瓦片”。时间就这样一年一年的过去了，没人知道这些“瓦片”背后的故事。

早年在村东的“堌堆”上曾建有大禹庙。中华人民共和国成立初期，人们在“堌堆”上还能看到大禹庙的遗迹和残留的石墙，后来，部分遗迹被搬到了涂山之巅。一场“十年浩劫”，使得庙宇的痕迹荡然无存。

在禹会村，抓一把泥土就能诉说一段悠久的历史，捡一片瓦砾就能讲述一段动人的故事。

二　大禹故事的出现与隐退

“大禹治水”的故事，是发生在中国原始社会末期影响极其深远的一件大事。

在20世纪六七十年代上过小学的人都会清晰地记得，在语文教科书中曾经有一篇必读的课文叫《大禹治水》。“大禹治水，三过家门而不入”等名句，给人们留下了深刻的印象。就像当年读过的“司马光砸缸”“孔融让梨”“黄继光堵枪眼”“董存瑞炸碉堡”等等的故事一样，可谓是家喻户晓，人人皆知，并影响着一代又一代的人。

曾几何时，在小学的课本中，关于“大禹治水”的故事却无声的隐退了，直至今日，在小学生乃至中学生中，知道“大禹治水”的人少之又少，现代人对大禹的认知度几乎到了断档的程度。

笔者曾经有机会接触过一群小学五、六年级的学生，由老师带领到发掘现场参观，问他们知不知道“大禹治水”的故事，他们以齐刷刷的摇头来回答我。可见，那种不易磨灭或根深蒂固的印象，没有流传到这一代人。由于历史教科书对“大禹治水”的缺失，不少青少年已经忘却了这段历史。今天，在我们谈论大禹的话题时，年轻的一代对此显得十分迷茫或困惑。

三　大禹是人还是神

禹的父亲叫鲧，鲧的父亲叫颛顼，颛顼的父亲叫昌意，昌意的父亲叫黄帝。由此算来，大禹是黄帝的玄孙，也就是颛顼帝的孙子。由于大禹治水功勋卓著，他的相关事迹就被后人神化了。

大禹是人是神，始终困惑着一代又一代的人。正是因为在古代的文献描写中，加入了众多的神话色彩，才诱导了人们对大禹作为神的认识，或使后人对大禹的定位在人和神之间徘徊。今天，我们重新研读文献记载却发现，古文献中所提到的大禹所做的事迹都是“人事”，所以，我们又不能不从人的角度去审视大禹。

“大禹治水”的神话故事在全国许多地方世代相传，禹的足迹不仅遍于全国各地，而且许多名山大川也都被说成是受禹治理过的。其中有关大禹和其父鲧在今山东南部、江苏北部黄淮泛区治水的传说也在华夏文化史上留下了浓重的一笔。

古籍《论语》中曾记载有孔子的一段话，子曰：“禹，吾无间然矣。菲饮食而致孝乎鬼神；恶衣服而致美乎黻冕；卑宫室而尽力乎沟洫。禹，吾无间然矣。”就是说：禹，我对于他没有什么可指责的了。饮食很菲薄，孝敬鬼神却很丰盛；穿着朴素，却把礼服做得很华美；住房低矮，却尽全力疏通沟渠。禹，我对于他没有什么可指责的了。

大禹和涂山有着密切的关系，在众多的史书中，就有许多“禹娶涂山”“禹会涂山”等诸多记载，可见，大禹和涂山是紧密相连的。然而，中国拥有涂山的地名却不是少数，如四川省的重庆市，浙江省的绍兴市，安徽省的蚌埠市、当涂县等等。而拥有地上禹迹的地方更是比比皆是，如禹王宫、禹王庙等建筑，还有更多的地方为表达后世感其功德而塑起的大禹治水像，如安徽省蚌埠市怀远县境内有“禹墟”和禹王宫，怀远县城有大禹像；陕西省韩城县有禹门；山西省河津县城有禹门口，芮城市塑有大禹塑像，夏县中条山麓有禹王城址；河南省开封市有禹王台，禹州市城内有禹王锁蛟井，禹王大道与画圣路交汇处立有大禹像；湖北省武汉市龟山东端有禹功矶；湖南省长沙市岳麓山巅有禹王碑；江苏省苏州市太湖沿岸村落里都供奉着“水神”禹王的雕像，该省最东端圆陀角风景区立有大禹像；四川省南江县还建有禹王宫，汶川县威州路口立有高达16米的大禹塑像；山东省济南市黄河景区立有大禹像，兖州县有大禹像；浙江省绍兴市有大禹陵并有高达21米的大禹铜像，余杭市某广场上有一座大禹像；汉水流域旬阳县城东60公里外的山崖上刻了“禹穴”二字；关口镇也落成有大禹塑像；甘肃省兰州市九州台森林文化公园立有大禹像；三峡大坝附近的黄陵庙供奉着治水英雄大禹的像；壶口瀑布立有大禹像；河南省洛阳市更有大禹开凿龙门的传说，等等。

这些遍布中国的大禹遗迹，彰显着大禹的丰功和人们对他的思念。可见，大禹是中国古代伟人中深受人们崇敬的英雄人物。也说明大禹其人其事，在中国历史上是真实的且举足轻重的。

以前，曾经读过《大禹治水》故事的人都不会因时间而淡忘对他的印象：大禹率领民众，与自然灾害中的洪水斗争，最终获得了胜利。面对滔滔洪水，大禹从其父鲧治水的失败中汲取教训，改变了堵的办法，对洪水进行疏导，体现出他带领人民战胜困难的聪明才智；大禹为了治理洪水，长年在外与民众一起奋战，置家庭于不顾，留下了“三过家门而不入”的感人故事。

古籍中记载有“昔禹之湮洪水，决江河而通四夷九州”的丰功伟绩，但对大禹治水所花费的时间，说法不一。《管子·山权数》：“禹五年水。”《墨子·七患》引《夏书》：“禹七年水。”《孟子·滕文公上》：“禹八年于外，三过其门而不入。”《山海经》注引《尸子》：“禹……疏河决江，十年不窥其家。”《荀子·富国》：“禹十年水。”《史记·河渠书》引《夏书》：“禹抑洪水十三年。”

无论大禹治水几年，他的治水精神和治水智慧，都是长存在人们心中的精神力量，因此，后人为报功崇德，故在大禹生日进行祭祀，以表追念之情。宋代诗人苏辙登涂山缅怀禹功曾题诗云：

娶妇山中不肯留，会朝山下万诸侯。
古人辛苦今谁信，只见清淮人海流。

涂山不仅是大禹会诸侯之所，也是大禹婚娶之地。禹同女娇（即涂山氏女）初会，交谈于台桑，现安徽省蚌埠市涂山圣泉南面尚有台桑遗迹。战国屈原《天问》有：“焉得彼涂山女而通之于台桑？”可见禹娶女娇是在涂山。

四　大禹为什么治水

现代，由于历史学、考古学、人类学、地质学的发达，对于洪荒时代的情况，学者能推断出一个大致的结果。

“天地玄黄，宇宙洪荒”。相传在距今约4000年前的尧舜时代，正值冰河时代后期，气候转暖，积雪消融。大地山河，沦为泽国。天地万物，同为波臣。人类或登高陵土山，或以木为舟，载沉载浮，幸免沦没。古黄河改道从苏北平原入海，因此，淮、泗流域发生特大洪水：“汤汤洪水方割，荡荡怀山襄陵，浩浩滔天。”[①] 加之海水水面升高，沧海横流，海水倒灌，淮河淤积，使泰山以西到沂蒙以南至苏北地区，成为大片泽国。在“洪水横流，泛滥于天下”[②] 的时候，人民流离失所，无家可归，各部落的人们被迫逃避到一个个孤岛的高地上，洪水带来了全社会的灾难。

鲧是尧舜手下的一位治水首领，他被流放东夷，负责变革同化东夷族，使其迅速赶上进步的黄帝族。鲧是传说中禹的父亲，由于他采用堵塞的方法，结果“九年不成”，牺牲了许多人的生命，犯下弥天大罪，被舜帝诛杀于羽山之野。

鲧死之后，他的儿子禹便奉命继承了父亲未竟的事业。他吸取了父亲失败的教训，采用疏导的方法治水，并且亲临一线指挥，栉风沐雨，勤勉工作数年之久。《史记》以极其虔敬的心情叙说了禹的丰功伟绩：他舍家为国，新婚只有四天就离家赴任，“三过家门而不入”，连新生的儿子也无暇照顾。为了全面了解水情和地势，他足迹踏遍了九州，勘察测量山形水势，疏导了九条河道，修治了九个大湖，凿通了九条山脉，终于战胜了洪水，得以平土而居。

有人曾经作过一个大胆的推算，大禹在治水过程中，每天平均走10里路，一年按8个月240天计算，就要走2400里路，仅仅算“三过家门而不入”的那13年，总计就走了31200里路，已经超过了25000里长征。[③]

在文献记载中，由于鲧的治水时间短且没有成功，故非常简

① 《尚书·尧典》。

② 《孟子·滕文公》。

③ 江群：《酷说大禹》，安徽文艺出版社2013年版，第68页。

略，而重头戏都在对“大禹治水”的描述中。今天，我们把大禹定位为人。可以想象，大禹在治水时，他是一直奔波在风雨之中，挺立在抗洪一线，带领治水大军抢救了多少落水者的生命，掩埋了多少溺死者的尸骨，搭建了多少棚屋，安置了多少难民，又筑了多少堤，挖了多少沟，洒了多少汗，滚了多少泥！他忍饥挨饿，寒暑相交，舍家离业，忍受着劳累疲惫，克服着缺粮乏助……这，也许就是大禹的伟大所在。这个传说正体现了中华民族的勤劳、勇敢、智慧、奉献和坚毅不屈、万众一心战胜困难的民族精神。

对于这位具有丰功伟绩的历史人物的一生，今人比较关注三个方面，即：一，他出生在什么地方？二，他一生中做过什么事业？三，他死在什么地方？考究起来，前后两项不大重要，因为生、死是人的必然，关键是他在一生中做过什么事情。

文献记载的大禹事迹主要就是两个字“治水”。而治水又是一个漫长的过程，涉及非常广泛的地域，其中的“禹娶涂山”“禹会涂山”是“大禹治水”过程中的最大事件。

传说，大禹治水有三件宝：一是河图；二是开山斧；三是避水剑。传说河图是黄河水神河伯授给大禹的。当时，大禹治水的地区非常广阔——可以说足迹踏遍了黄河南北，而多数时间在现在的淮河流域。一次，他来到了淮河中游，这里有座高山，叫涂山，峰峦奇特，雄姿巍峨，犹如一座东西走向的天然屏障。高山中段有一个天然的缺口，涓涓的细流就由隙缝中轻轻流过。但是，当特大洪水暴发时，河水就被大山挡住了去路，在缺口处形成了漩涡，危害着周围百姓的安全。大禹决定集中治水的人力，在该山中劈开水道。艰苦的劳动，损坏了一件件石器、木器、骨器工具。人的损失就更大——有的被山石砸伤了，有的上山时摔死了，有的被洪水卷走了。可是，他们仍然毫不动摇，坚持劈山不止。在这艰辛的日日夜夜里，大禹的脸晒黑了，人累瘦了，甚至连小腿肚子上的汗毛都被磨光了，脚指甲也因长期泡在水里而脱落，但他还在忙碌着。在他的带动下，治水进展神速，大山终于被豁然劈开，形成两壁对峙之势，洪水由此一泻千里，向下游流去，江河从此畅通。如今，安徽省蚌埠市西郊的涂山、荆山，就是大禹治水中劈山导淮的历史见证。

有关大禹婚娶、治水、大会诸侯于涂山的事迹，至今尚有许多遗迹可寻。除涂山脚下的禹会村外、还有涂山上的古迹如禹会古台、台桑石、聚仙石、启母石、防风冢、鲧王庙等。

防风冢，俗名古舟坟，在淮河南岸，古为一高耸大沙丘，宋代诗人苏东坡曾题诗云：

川锁支祁水尚浑，地埋汪罔骨应存。
樵苏已入黄熊庙，乌鹊犹朝禹会村。

黄熊庙也就是鲧王庙，又名崇伯观，是祭祀禹父鲧的庙宇，它位于涂山西麓，在象岭、狮山之间，现已被夷为平地。古传禹王杀防风时，“尸倒九里，骨拉千车，血流上下红”。现在涂山西侧脚下的上洪（红）村、下洪（红）村的名字就是这样流传下来的。

禹不仅治理了水患，而且还考察了九州的物产，规定了各地的贡品赋税，开通了各地朝贡的途径，并在此基础上，划定了五服界域，使得全国范围内形成了“众河朝宗于大海，万方朝宗于天子”的统一安定的大好局面。大禹也因此大得民心。

大禹因治水有功，被大家推举为舜的助手。舜死后，他继任部落联盟首领。后来，大禹的儿子启创建了中国第一个奴隶制国家——夏朝，因此，后人也称他为夏禹。

大禹为民造福，永远受到华夏子孙称颂，大禹刻苦耐劳的精神，永远为炎黄后裔所怀念。

五　涂山的所在地

因为涂山和大禹治水密切相关，历史上的“禹会涂山”和“禹娶涂山”所在地在学术界争论不休，因而出现了“会稽说”（今浙江省绍兴县西北四十五里）、“渝州说”（今四川省重庆市）、“濠州说”（今安徽省蚌埠市）、“当涂说”（今安徽省当涂县）、“三涂山说”（今河南省嵩县西南十里）这五种说法。

2011 年，在安徽省蚌埠市召开的“涂山·淮河流域历史文明研讨会暨中国先秦史学会第七届年会”上，与会专家在论证涂山的地望时，意见越来越趋于一致，大家认为：涂山如在重庆市太偏西，如在绍兴市太偏南，都不符合当时的历史情况，蚌埠市涂山地理位置居中，最为合理。所以说，蚌埠市西郊的涂山，对考证大禹治水的涂山地望，是最有说服力的。

李学勤在《涂山·淮河流域历史文明研讨会暨中国先秦史学会第七届年会开幕词》中讲到：“就夏代来说，记载禹会涂山，古书有明文注释，涂山在今天的蚌埠市怀远县。”①

谭其骧在《论涂山地望》中认为：“前人释涂山地望，众说纷纭，唯今怀远县东南淮水南岸一说合于汉晋之旧，宜以为正。上举数条，即此说所本。”②

汤万象等在《涂山考》中认为，真正的“涂山”应为现在的蚌埠怀远涂山。③

---

① 李学勤：《涂山·淮河流域历史文明研讨会暨中国先秦史学会第七届年会开幕词》，载《蚌埠涂山　华夏文明——中国先秦史学会论文丛书之五》，黄山书社 2002 年版，第 2 页。

② 谭其骧：《论涂山地望》，转引自蚌埠市政协编《中国的历史文化名山“涂山”》，《蚌埠文史资料选辑》总第 18 辑，第 50 页。

③ 汤万象（执笔）、王明康、于雷：《涂山考》，载安徽博物馆编《安徽文博》1983 年总第 3 期。

徐旭生在《中国古代的传说时代》中认为：“禹会诸侯于涂山，涂山为今安徽省怀远县东南淮河南岸的一座小山。”①

孟世凯在《夏文化与涂山》一文中认为：“今安徽蚌埠怀远县之涂山不仅是‘禹会诸侯’的涂山，也传说是涂山氏之聚居地。”②

西汝泽在《大禹缘何于涂山盟会》中认为：“大禹盟会地点选择在怀远涂山是合理可信的。”③

李先登在《试论涂山氏在夏王朝建立中的重要地位》中说，尽管涂山所在有几种说法，“当以今安徽省怀远县淮河南岸的涂山为是，即《左传·哀公七年》：‘禹合诸侯于涂山，执玉帛者万国’”。④

陈平在《禹娶涂山氏女四议》中认为：“禹娶涂山的四川巴县说、江南当涂说和浙江会稽说，均不足信据。唯一可信的，当是晋杜预的寿县东北说，即安徽蚌埠怀远县境说。”⑤

文献中的“禹会”和“涂山”是密不可分的，都与大禹事件相关，既然涂山已经被定位在蚌埠市的西郊，那么，“禹会”的地点又在哪里呢?

在中国，从文献中沿用至今的古地名实属不多，且又与古史传说相关的地名更为罕见，然而，就有一个“禹会村”，从《史记》《汉书》等文献中沿用下来，不能不引起人们的关注，更重

---

① 徐旭生：《中国古代的传说时代》，文物出版社1985年版，第147页。

② 孟世凯：《夏文化与涂山》，载《蚌埠涂山　华夏文明——中国先秦史学会论文丛书之五》，黄山书社2002年版，第24页。

③ 西汝泽：《大禹缘何于涂山盟会》，载《蚌埠涂山　华夏文明之——中国先秦史学会论文丛书之五》，黄山书社2002年版，第188页。

④ 李先登：《试论涂山氏在夏王朝建立中的重要地位》，载《蚌埠涂山　华夏文明——中国先秦史学会论文丛书之五》，黄山书社2002年版，第56页。

⑤ 陈平：《禹娶涂山氏女四议》，载《蚌埠涂山　华夏文明——中国先秦史学会论文丛书之五》，黄山书社2002年版，第63页。

要的是，在禹会村地下，还有一处龙山文化时期的遗址，这就更不能被忽视了。

专家的研究结果，给了涂山一个权威性的定位：即安徽省蚌埠市西郊的涂山，既是中华历史文化名山，更是一座圣山。

4000 多年前，大禹率领治水大军来到涂山，劈山导淮，大会诸侯。公元前 195 年，汉高祖刘邦过涂山，命立禹庙以镇涂山、命立启庙以镇荆山。此后，先民便有了缅怀大禹的祭祀活动。涂山禹王庙会历史悠久，唐宋时期已成规模，至今仍是淮河两岸最大的庙会。据清嘉庆《怀远县志》载："南渡后，（宋）宁宗庆元初（1195 年），州守刘仲光刻石竭曰：'有夏皇祖之庙（涂山禹王庙）。明定祀典，有司以六月六日致祭。'"这是地方官明定涂山禹王庙会官祭大禹活动的最早记载。明万历年间（1614 年），御史谢正蒙巡视涂山，顾瞻禹迹，下令扩建禹王宫，在原有农历六月六日纪念大禹生日庙会的基础上，新增了纪念大禹治水成功，大会诸侯于涂山的"农历三月二十八日涂山朝禹大庙会"，还新增了"农历九月九日重阳节、高怀古、颂扬禹德、庆丰收的小庙会"。1927 年，战乱中断了农历六月六日的官祭大禹的涂山禹王庙会，但农历三月二十八日纪念大禹治水成功的涂山禹王庙会，自明朝以来越办越兴盛，一直延续至今。

六　"中国古代文明探源工程"与"禹会村遗址"

文献记载中的"禹娶涂山"和"禹会涂山"事件，奠定了大禹和涂山的关系。在研究、探讨大禹时，都会将大禹与涂山密切联系在一起。

安徽省蚌埠市西郊的涂山非常与众不同，与之相关的不仅有涂山和山上的禹迹，更值得注意的是在涂山之南的淮河东岸有个禹会村，地下埋藏着一处面积很大的史前遗址，考古学上把它归于“龙山文化”遗址。

龙山文化属于新石器时代晚期。当时的社会还没有形成统一的国家，而只是松散的部落联盟。中国历代王朝都是从那以后才出现的。也就是说，它是夏王朝出现之前的历史时期，这个时期正与大禹时代相吻合。安徽省蚌埠市西郊的禹会村，其名字能流传几千年应该说是有其缘由的。在大禹生活的年代，正是中国国家形成的关键时期，在社会发展史上正处于大变革、大转折时期，寻求这段历史，对探索和研究中国古代文明和国家的形成与发展有着十分重要的意义。又因为淮河流域一直是考古学研究的空白，存有许多不为人知的历史事件和有待开发的古代文化，是考古界多少年来所苦苦追寻的目标，人们希望以考古的手段找到解开历史谜团的钥匙。

国家组织的“中国古代文明探源工程”在全国开展了相应的工作，黄河流域、长江流域也相继发现了相当于龙山文化时期的遗址，为“中国古代文明探源工程”提供了考古资料。

考古学上的龙山文化时期和古史传说中的“五帝时代”，就是中国古代文明和国家形成的时期——因为这种考古学文化的时代和分布范围恰恰与传说中的“五帝时代”和历史活动范围相一致，这就给我们提供了一条明确的思路——探索的主要是在公元前3500—公元前1500年之间，即考古学上的龙山文化时代和“五帝时代”的历史文化、社会制度等等。

其他地方的考古发现也正日渐清晰地提示出古史传说中“五帝时代”活动的社会背景，尤其是在“五帝时代”后半段的尧、舜、禹时期，有着许多重要的可考事件（如洪水与治水）。由于古籍记载的局限，我们也只能以考古学文化与古史传说的有机结合，作为这一阶段研究的重要方法。

但是，位于中国南北分界线上的淮河流域却还处在被忽略的状态，原因之一，就是淮河水患给人们留下了深刻的印象。自古代起，淮河流域就是经常被水淹没的区域，这里在远古时期是否有人类的活动？地下是否埋藏有古文化遗址？一直是考古界经常被困扰的问题。20 世纪中期，国家和地方的文物部门开始关注江淮地区的考古工作，但没有形成一定的规模——尽管发掘了一些遗址，但资料报道的较少，从研究的角度来说显得较为薄弱，与黄河流域、长江流域相比，一直处于滞后状态。

20 世纪 80 年代以后，考古界对黄淮、江淮地区的考古工作加大了力度，为此，考古界提出了“苏、鲁、豫、皖四省交界地区考古学研究大课题”，研究者的目光也逐渐聚焦在这块似乎被人遗忘了的角落。20 世纪 80 年代末，随着大课题的确立，黄淮和江淮地区的田野调查和发掘也被列入了重要的议事日程。国家和地方文物部门随后开始了有计划、有步骤的田野调查及发掘工作。与此同时，中国社会科学院考古研究所安徽工作队首先在淮河以北的安徽境内开展了广泛的田野调查[①]，并获得了初步成果。此后，该地区的田野考古工作相继开展起来，由安徽省文物考古研究所发掘的安徽濉溪石山子新石器时代较早期遗址[②]、蚌埠市双墩新石器时代较早期遗址[③]、定远侯家寨遗址[④]，中国社会科学院考古研究所发掘的小山口和古台寺新石器时代较早期遗址[⑤]、

① 中国社会科学院考古研究所安徽工作队：《安徽淮北地区新石器时代遗址调查》，《考古》1993 年第 11 期。

② 安徽省文物考古研究所：《安徽濉溪石山子新石器时代遗址》，《考古》1992 年第 3 期。

③ 安徽省文物考古研究所：《蚌埠双墩——新石器时代遗址发掘报告》，科学出版社 2008 年版。

④ 安徽省文物考古研究所：《定远县侯家寨新石器时代遗址发掘简报》，《文物研究》第五辑，黄山书社 1989 年版。

⑤ 中国社会科学院考古研究所安徽工作队：《安徽宿县小山口和古台寺遗址发掘简报》，《考古》1993 年第 12 期。

蒙城县尉迟寺大汶口文化晚期大型聚落遗址[1]等等，证实了淮河先民自古代起就开始创造灿烂的文明了。这些遗址的发现，为学术界认识淮河流域史前文化提供了崭新的资料，也从此拉开了淮河流域考古研究的序幕。

淮河流域的考古可以说是后起之秀，它证实了淮河流域是中华文明的主要发源地之一，它像纽带或桥梁，连接着黄河、长江两大文化传统，所以，它在中华文明形成与发展的历史进程中具有非常重要的地位。

2005 年 11 月，安徽省蚌埠市召开了“安徽蚌埠双墩遗址暨双墩文化学术研讨会”，在谈及中国古代国家文明探源的话题时，蚌埠市博物馆很快想到了蚌埠市西郊的禹会村遗址。的确，自国家实施“中国古代文明探源工程”以来，中国北方的黄河流域和南方的长江流域均获得了重要的考古资料，对该工程作出了一定的贡献，唯独处在中间地带的淮河流域是一个空白点，所以，禹会村遗址的发现对“中国古代文明探源工程”非常重要，它所处的地理位置和它所能够反映的学术价值，马上引起了我们的重视，我们因此来到了蚌埠市，并真有一种天上掉馅饼的感觉！

听了蚌埠市博物馆同志的介绍，更让我们增强了信心。该博物馆的工作人员说：“禹会村遗址，就在涂山南约 4 公里的淮河岸边，陶片随手可捡，其中，鬼脸式的鼎足也很多。”一听“鬼脸鼎”足，我们更是来了精神。“鬼脸鼎”就是山东龙山文化典型的东西啊，也正是我们所苦苦寻找的遗址啊。

禹会村遗址的出现，给淮河流域的考古工作注入了新的活力。因为在“中国古代文明探源工程”中所涉及的“五帝时代”后半段

---

① 中国社会科学院考古研究所：《蒙城尉迟寺》，科学出版社 2001 年版；《蒙城尉迟寺（第二部）》，科学出版社 2007 年版。

尧、舜、禹时期的历史，有着许多重要的可考事件。禹会村遗址是经过再三的实地勘测和钻探后而被确定的符合这一课题要求的遗址。除它具备有单纯的龙山文化性质外，还有一个重要的因素，就是与文献记载和民间传说的“大禹治水”中的重要事件“禹会诸侯”有着密切的关系。它正是考古界在“中国古代文明探源工程”中苦苦寻找的遗址。

“大禹治水”在历史上真的存在吗？“禹会诸侯”的地点在哪？“执玉帛者万国”的盛况能再现吗？从原始社会过渡到奴隶社会，这个将中国带入文明社会的转折是如何发生的？这一切是否隐藏在安徽省蚌埠市西郊的涂山，隐藏在一个叫“禹墟”的地下遗址内？尘封于地下几千年的秘密是否有望揭开？考古界和社会各界都充满着期待。

七　考古发掘唤醒了沉睡的禹会村

20 世纪 80 年代，当地的文物部门工作人员、蚌埠市博物馆业务人员曾多次来到这里，采集标本，观察地形地貌，对遗址做了一个初步的判断，随后，立下了市级文物保护标志（图 2 -2）。

根据从地上捡到的陶片，他们认为，这里是龙山文化时期的遗址，这些陶片对研究淮河流域龙山文化的传播和发展，具有重要的价值。

2006 年，我们怀揣着极大的期待步入了禹会村。

首先映入我们眼帘的是那块市级文物保护单位的标志牌和种满桃树的土堆（图 2 -3）。

按照考古的一般程序，要先进行实地勘察，再进行钻探，接着进行试掘。

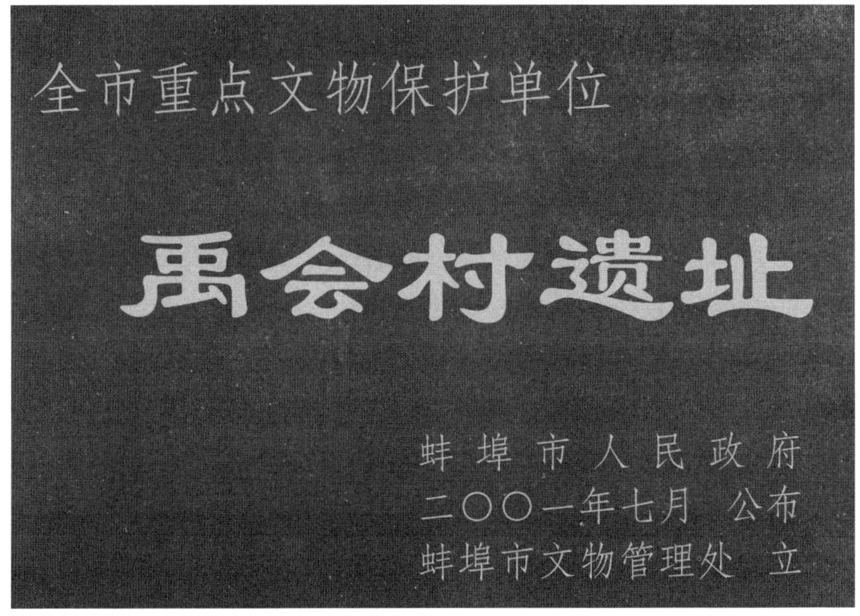

图 2－2　禹会村遗址保护标志

图 2－3　禹会村遗址地貌

勘察，没有让我们获得额外的收获。禹会村遗址经过很多年治淮工程的“打扰”，已经把河堤两边的地层土取的差不多了，正好，遗址就分布在河堤两边。

钻探，是考古发掘前必不可少的程序。2006 年春季，我们专门聘请了有经验的探工，对遗址进行拉网式钻探，以寻求遗址的分布范围和文化堆积的情况。初步的钻探使我们对遗址的分布范围有了大致的了解：尽管文化层的出现断断续续，但根据钻探资料判断，遗址的分布面积至少有 50 万平方米（图 2 –4）。

在龙山文化阶段，与黄河、长江流域的同期遗存相比，50 万平方米的禹会村遗址并不占面积上的优势；但对淮河流域而言，像这样的遗址面积目前还是最大的。它们除了一部分被压在村庄下，还有大部分位于村南的宽阔地带（文化性质也是龙山文化）。我心中暗暗自喜：“有戏!”

接下来，就要探知遗址中大致有哪些遗迹现象。当在遗址的东北部（即禹会村南部前郢村村东）探出地下有大面积的白土层时，我心中非常惊喜。白土层分布的面积大，而且呈北宽南窄状，南北的长度足有 100 米，白土的厚度有 0. 10 米，边缘清楚，土层明确。“天呐，怎么像个大墓的样子啊！难道地下真的埋藏着一个‘大金娃娃’。”在高兴之余再仔细一想，不可能，既是墓，也不会有这么大啊。我们在惊喜中也感到有些疑惑。

仅凭钻探，还不能完全把握地下的实际情况，必须像医生动手术似的对地层进行解剖。随后便进行考古正式发掘前的重要一步——试掘。

试掘，首先选在了村东原“堌堆”边缘的一侧——即我们认为像大墓的地方。探沟选在白土层分布的边缘，2 米宽、4 米长的东西向探沟，涵盖了白土层边缘内外。

探沟逐层往下，清理后才发现，0. 10 米厚的白土层下还有一层 0. 10 米的黄土层，黄土层下又是经过人工堆筑的约有 0. 80

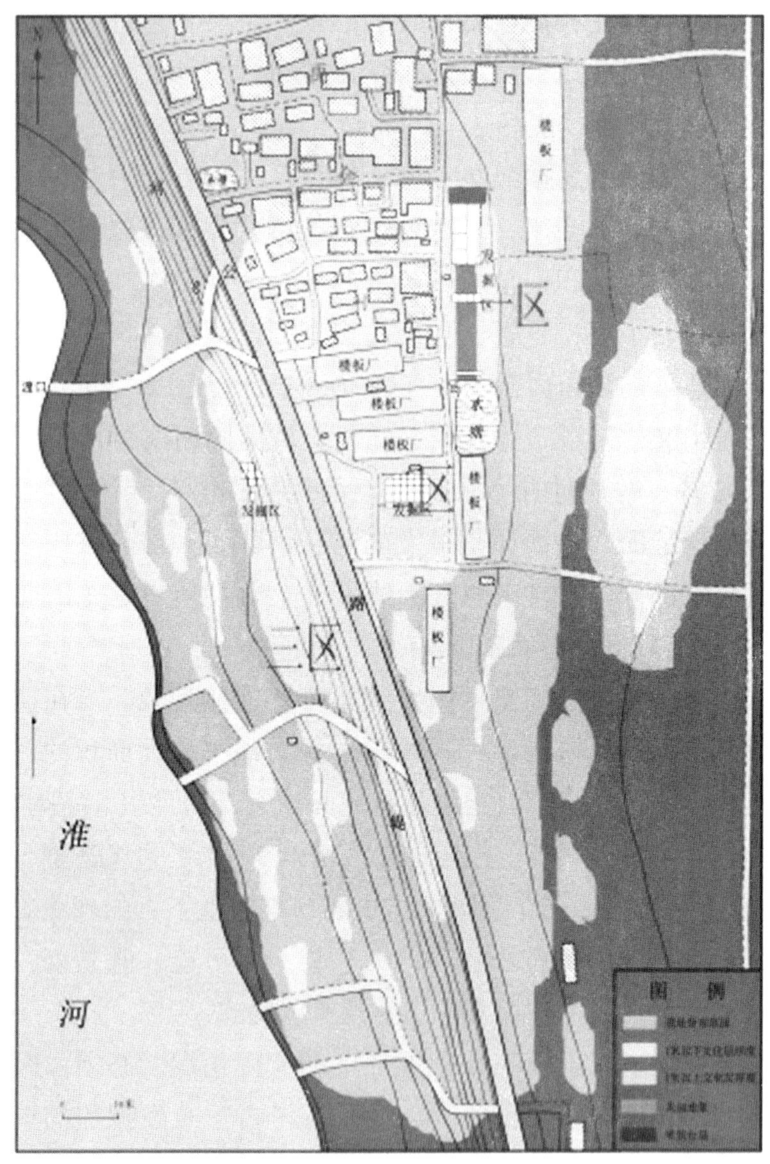

图 2－4　禹会村遗址示意图

米厚的灰土层，这种灰土，也是我们在钻探时曾经认为的夯土。实际上，我们所说的夯土，还不能说是真正意义上的夯土，因为在 0.80 米厚的灰土中，没有夯层，不见夯窝，只能观察到在灰土层中有小范围的层面，多带有倾斜度，但土质较紧密，看来是经过人力而为，并非是施夯的结果，而灰土之下便是生土。

从探沟的剖面看，每层的界限比较明显，我们迷惑了——肯定不是大墓，但是是什么？一时难以作答。有一点令我们喜出望外，试掘的地点有地层、有陶片，而且出土物就是标准的龙山文化遗物，这给我们增加了探索大禹文化的信心。为了慎重对待这处遗址，我们特意从北京请来了时任中国社会科学院考古研究所所长王巍（图2－5、图2－6）。王巍详细地看了出土陶片后确认，禹会村遗址是中国古代文明探源关键时期的关键遗址，该遗址的考古发现将为求证大禹治水史绩、探索中国古代文明起源和发展提供重要线索。王巍的一席话，给我们下一步工作增加了足够的信心和底气。

2007年4月的一天上午，淮河之滨、涂山脚下的禹会村响起一阵清脆的爆竹声，举世瞩目的“禹墟”遗址考古发掘工作在这里正式启动，被列为“中国古代文明探源工程”重大科研项目的“禹墟”遗址考古挖掘工作从此拉开了帷幕。禹会村南部前郢村的锣鼓班子身着盛装，以特殊的方式欢迎考古队（图2－7）。

发掘工作刚刚开始，村民们自发写出的欢迎信悄悄地贴在了发掘现场。执笔者代表村民给我们讲述了他们的心声：“各级考古专家您们好，您们来我处考古，挖掘龙山文化，进一步考证中华5000年文明史的起源证实，也对禹会村的未来开辟了广阔的美景。禹会全体群众感谢、欢迎您们！”（原文如此）（图2－8）。

图 2－5　王巍勘察地层

图 2－6　王巍考察出土标本

图 2－7　禹会村南部前郢村锣鼓班子欢迎考古队

图 2－8　欢迎信执笔者为我们讲解欢迎信

闻讯赶来的时任蚌埠市副市长朱惠权，对当地农民的热情非常赞赏（图2－9）。

图2－9　时任蚌埠市副市长朱惠权赞赏村民的感谢信

这是多么感人的心声，又是多么质朴的行动，这里边包含着禹会村村民的热切期盼，期盼我们这些考古工作者给禹会村一个合理的解读。

发掘工作中的一天，一件“鬼脸鼎”足出现了（图2－10），说它是鬼脸，是因为模样难看，两只“大眼睛”分置在“鼻子”两侧，这可是典型的山东龙山文化特征的器物，接着，又连续出现了扁体形足（图2－11），别看这小小的东西，它和“鬼脸鼎”同属一个时代，却分布在不同的地区，它完全是具有龙山文化特点的东西。它的特点不仅仅在扁体上，而且是在足尖外侧的按痕。

图 2 - 10　“鬼脸鼎足”

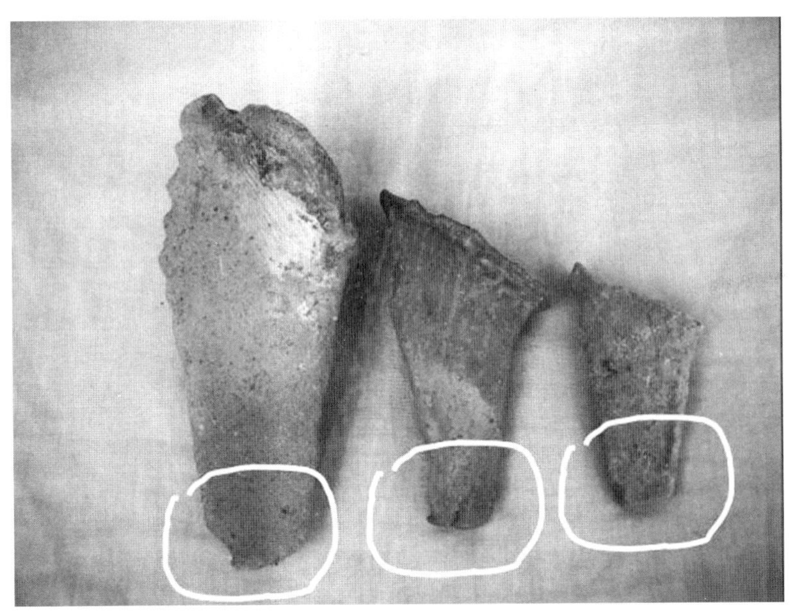

图 2 - 11　扁体形鼎足

禹会村的地下肯定埋藏着更多的惊喜！我们底气十足，信心百倍。

确定涂山是“禹会诸侯”之地的最直接的证据，就是涂山脚下的禹迹，禹会村遗址的发掘，一是可为考证与大禹治水相关的传说事件提供一定的证据，二是可为“中国古代文明探源工程”增加新的资料。

八　欢迎“考察团”、后续发掘成果惊喜连连

2008 年春季，禹会村和禹会村南部前郢村的村民们，得知考古队又要来遗址进行发掘了，异常的激动，便悄悄地打听到了考古队进村的时间，提前组织好了锣鼓班子在路边等候。当时，我们的车开到村头时，已经看到了飘扬的彩旗和身穿艳丽服装的锣鼓队员们（图 2－12），但却没有人注意到我们的车。而我们还认为是村里有什么喜事便悄悄抵达了我们的驻地。当他们得知考古队已经入驻了，就敲锣打鼓地追到了我们的住处。又是唱又是跳（图 2－13）。

由于地方的支持，2008 年的发掘工作进展顺利。每次发掘到一定程度时，我们就邀请由中国社会科学院考古研究所组织的十多人的考察团来遗址现场考察、论证。“考察团”的到来，让禹会村和禹会村南部前郢村村民好像打了兴奋剂，他们早早地等候在村边路口（图 2－14），并专门制作了“热烈欢迎中国社科院考古所领导专家”的标牌（图 2－15），以迎接贵宾的形式，载歌载舞的把中国社会科学院考古研究所考察团迎接到驻地（图 2－16），这阵势，也使见多识广的考古人大饱了眼福，更感到禹会村村民对考古队的厚爱和对发掘禹会村的期待。

图 2－12 锣鼓班子等候考古队

图 2－13 欢迎考古队

图 2－14　锣鼓班子等候中国社会科学院考古研究所考察团

图 2－15　欢迎中国社会科学院考古研究所考察团之一

图 2－16　欢迎中国社会科学院考古研究所考察团之二

2009 年 10 月份，当考古发掘进行到第三次时，当地政府的热情异常高涨，禹会区政府在发掘现场以隆重的形式，欢迎考古队入驻禹会村，并搭起了彩虹门（图 2－17），挂起了巨大的横幅："热烈欢迎中国社科院考古所王吉怀教授一行入驻禹会"（图 2－18）。

欢迎仪式热烈隆重：树立有巨型背景墙，大红地毯铺地，市领导、区领导、镇领导和考古队代表分别讲话（图 2－19）。那一刻，我真正的感到了作为考古工作者的光荣与自豪。安徽金种子酒业和所在地的禹会村、禹会村南部前郢村打出巨型横幅："发掘禹会遗址，弘扬大禹文化"（图 2－20）和"热烈欢迎中国社科院考古队"标语（图2－21）。并给考古队赠送了数十箱"醉三秋酒"（图 2－22）。

图 2－17　欢迎考古队的彩虹门

图 2－18　欢迎入驻的横幅标语

图 2－19　禹会区举行考古队入驻仪式，领导和专家讲话

图 2－20　欢迎标语之一

图 2－21　欢迎标语之二

图 2－22　“醉三秋酒业”赠酒

当时，我在讲话中说：

> 感谢蚌埠市委、市政府，感谢禹会区委、区政府，感谢秦集镇党委、政府，感谢禹会村、前郢村村委会和全体村民。发掘禹会遗址，弘扬大禹文化，是“中国古代文明探源工程”的重大项目之一，前几次的考古成果报道以后，引起了国内、国际学术界的强烈反响，考古发掘为证实大禹文化，考证大禹文化，提供了有力的佐证。正因为如此，才使我们蚌埠市、使“禹墟”名声远扬。在前几次的发掘当中，我们一直得到了当地政府的高度重视和大力支持，尤其是我们禹会村、前郢村给予了无私的协助。正因为这样，我们再次来发掘，让我的的确确的看中了这方水土、这方人。发掘、研究“禹墟”遗址，开发、利用“禹墟”遗址，是功在当代、利在千秋的大事，我相信，通过我们的共同努力，我们会还“禹墟”历史的真面目，也会让禹墟闻名于天下。

发掘场面非常宏大，好像早年“大跃进”时期的劳动大会战（图2－23）。

每次发掘，我们都是以最大的限度进行揭露（图2－24），渴望早日揭露出封尘于地下的奇迹。

2010年4月22日，在禹会村遗址第五次发掘现场，迎来了一批特殊的客人，男男女女20多人，一口让人听不懂的“鸟语”（粤语）给当地人留下了深刻印象，原来，他们是香港中文大学比较及公众史学硕士毕业同学会安徽考古学习团专程来禹会村考察的。

图 2－23　发掘现场之一

图 2－24　发掘现场之二

这是一批远道而来的特殊友人。我们进行了专门的准备。首先上报了中国社会科学院考古研究所科研处备案，其次向地方领导汇报，做好适当的接待准备。遗址所在地的禹会区政府非常重视，安排当地文化局、文化馆组织了上百人的锣鼓班子，盛装出动，排起了长达数十米的欢迎队伍（图 2－25），以这种传统而古朴的欢迎仪式，表示对香港同胞的热情欢迎（图 2－26）。

可以说，香港同胞来内地考察或观光的不少，但作为一个考察学习团，他们确实难得遇到这种阵势，用他们的话说，欢迎仪式是空前的。他们咿哩哇啦地说着“鸟语”（粤语），手中的相机、手机发挥了作用，每个人脸上都挂上了激动的笑容。香港同胞被禹会人的热情所感动（图 2－27），被这种隆重的场面所折服（图 2－28）。

考古发掘能给当地搭建文化平台，同时也会产生一定的社会效益。2011 年 4 月 26 日，蚌埠市地方税务局以“淮水禹风，聚财富民”为标题，走进了“禹墟”（图 2－29）。

图 2－25　欢迎香港同胞的队伍

图 2－26　欢迎香港同胞

图 2－27　锣鼓班子为香港同胞演出

图 2－28　香港同胞记录下动人的时刻

图 2－29　蚌埠市地方税务局走进“禹墟”

我们还在发掘现场与蚌埠市广播电台做《时事连线》，笔者通过电话与电台沟通，与听众互动，解读大禹文化（图2－30）。

图2－30　笔者在发掘现场与听众互动

真是伴随着考古发掘的进展，宣传大禹文化无处不在。

连续几年的发掘，我们清理出了大型祭祀台基，祭祀台基上的相关设施有烧祭面、方土台、长排柱坑、大型祭祀沟、不同类型的祭祀坑、简易工棚式建筑等等，并出土了一批极具特色的文物标本，为解读禹会村提供了非常有价值的资料。

1. 祭祀台基

大型祭祀台基呈北宽南窄的长条形，面积约2000多平方米（图2－31），是当时祭祀活动的中心场所，根据遗迹可以窥见当时宏大的祭祀场面（图2－32）。也可以说，该遗迹在禹会村遗址中占有举足轻重的分量；同时，由于该祭祀台的存在，才引发了与祭祀相关的各种迹象的出现——如祭祀沟、专属通道、祭祀坑、简易工棚式建筑等。

图 2－31　祭祀台全景

图 2－32　禹会村遗址祭祀场面模拟图

2. 烧祭面

烧祭面位于祭祀台基的北端，是祭祀台面上的主要设施之一。该处烧祭面呈东西向椭圆形，总面积已经达到了 100 平方米的范围，是在祭祀台基面铺设完成以后，又稍加铺垫作为烧祭的地方（图 2－33）。局部被火烧过的迹象表明，用火的时间、烧祭的次数和用火的规模都达到了一定的程度，从平整、光滑、坚硬的烧土面来看，非一日之功或在短期内烧祭所能达到这种效果。这充分显示了烧祭的规模和场面非同一般，应具有隆重的仪式和复杂的内容。同时，在烧祭面附近，也有多处经过长时间烧烤而形成的小面积圆形烧痕，说明在大面积烧祭活动中又同时进行了小范围的燎祭形式。类似的烧祭面在国内同类型遗址中尚属罕见。至于在烧祭面的西侧又铺设南北向的五条木棍，应该具有一定的含义，或者具有更为复杂的内容，值得我们做进一步的研究。遗留于烧祭面上的陶甗、陶杯、磨石等遗物，应该是在祭祀过程中必用的器物。

图 2－33　烧祭面现象

3. 方土台

方土台位于烧祭面南侧，1 米见方，高度 1 米（图 2－34）。

图 2－34　方土台

它的出现，给整个祭祀台基赋予了重要内涵，它既是整个祭祀台基面上的重要设施之一，又包含着特殊的功能和用途。由于方土台的顶部被破坏，使我们无法知道其本来的高度，但它应该是一个呈平面、方形的固定设施。尽管该设施没有发现明显的夯迹，但依据方土台的高度和现状判断，如果只是利用堆筑的方法是很难达到如此的高度的，我们仅在底部边缘发现个别地方有板筑的迹象，应该是通过板筑夯打而成。至于方土台的用途，在整个祭祀过程中是否扮演着神台的角色，是值得我们深思的。

4. **长排柱坑**

长排柱坑位于祭祀台基的南部，整体布局清楚，间隔距离相等，具有一定的规律性。长达 50 米的 35 个土坑，均匀的分布在祭祀台基面的中轴线上（图 2－35），一般而言，遗址中出现的柱洞或柱础，多与建筑有着密切的关系，在通常情况下，作为一处建筑，无论是宫殿还是房屋，柱洞的排列应该是呈方形、或长方形、或圆形、或椭圆形的分布形式，但是，祭祀台基面上柱洞的排列成一字形，长达 50 米，这种现象，使我们无论如何都与建筑联系不起来，这不能不使我们想到古书上记载的“禹会诸侯于涂山，执玉帛者万国”的场面，应该不能排除这些柱坑就是树立万国国旗或树立图腾柱的地方。

不能不提及的是祭祀台基的坐标位置，往北与 4 公里处的荆、涂二山之间的河口相对应（图 2－36），与古籍中所记载的“涂山在怀远县南八里，与荆山隔岸对峙而淮流其中，古涂山氏国于此”（《乾隆江南通志》）可能存在有一定的内在联系。而在涂山之巅远眺禹会村遗址，两者遥相呼应，这种对应现象应该不是偶然的巧合，说明在对祭祀台基的选点和定位方面，是有特殊的用意和考虑的。至今，当地人中还有一个传说：荆山、涂山，原为一座山，在大禹治水时，为了疏通河道而劈山导水，形成了今天的两壁对峙之

图 2－35　长排柱坑（西—东拍摄）

图 2－36　祭祀台基与荆涂山的想象图

势，洪水由此一泻千里，向下游流去，江河从此畅通。《水经注》载："荆涂二山，相为一脉，禹以桐柏之流泛滥为害，乃凿山为二以通之"。而《怀远县志》引《图经》中也有类似的记载："荆涂二山，本相连属，禹凿为二，以通淮流。"无论该说法有多大的可信度，但"以通淮流"的河口依然存在，况且禹会村遗址的祭祀台基与河口的南北对应，是否在选址方面就蕴含着特殊的意义呢？

此外，在不同类型的祭祀坑中，出土了极具地方特色的器物标本，应当是祭祀完毕后，祭祀器具的堆放处。

5. 大型祭祀沟

大型祭祀沟，实际上就是一个大大的垃圾坑，就是在祭祀过程中对废弃物品的堆放处，它与一般的垃圾坑的区别是：一般的垃圾坑中的堆积物是杂乱的，包括了人们日常生活中方方面面的废弃物；而祭祀沟中的包含物是单纯的，尽管其中的物品有陶、石、骨、蚌器等等，但它蕴藏着大量的或全部的关于祭祀过程或祭祀形式的信息。起初，我们只是在探方的一侧发现了含有大量草木灰的土——当时还真的是作为灰坑清理的，当清理后才发现，坑内的遗物非常丰富，更重要的是，这个坑只是暴露了"冰山一角"，而大部分面积被压在水泥路下。这可难坏了我们，因为起取水泥路，一是耽误农民的正常通行，二是需要资金，如果不挖就会缺失非常重要的资料，我们把想法直接汇报给禹会区区委、区政府，当时，区委、区政府当机立断，资助专项经费起取水泥路，这才使祭祀沟得到了全面的清理。

沟内出土的遗物，多为陶器碎片，而这些碎片与附近相关遗迹中的陶器碎片大部分相同，多具有陶质疏松、火候低的特点，而且，器形多已变形，这些数量众多的低温陶，显然不是生活中的实用器，应该是专为祭祀而特制的祭器。同时，沟内的填土，基本都是祭祀过程中烧过的灰烬，与所使用的各种器物全部被倾倒于沟中，从而形成了具有明显特征的遗迹（图2-37）。

图 2－37　祭祀沟及出土器物

6. 不同类型的祭祀坑

禹会村遗址是一个单纯性质的祭祀遗址，在大约50万平方米的范围内，分布着不同的活动区域。前面我们说到的大型祭祀台基，是在遗址中的一个独立区域，它不是一般氏族成员能够进入的区域。其余大部分面积都属于当时人们生活或进行相关活动的区域，不同类型的祭祀坑，即分布于生活区内。

在发掘范围内的区域中，共清理出不同类型的祭祀坑8种，分别代表了不同形式的祭祀活动后所留下的迹象，主要有以下几种：

第一，竖穴深坑上下叠压埋藏器物。

这种坑就像一个窖穴，坑内埋藏有不同形制的各类陶器20余件，而且都非常完整（图2－38）。

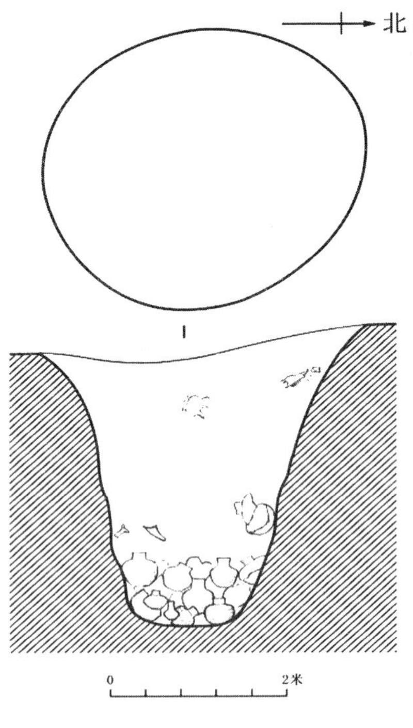

图2－38　第一种类型的祭祀坑

第二，圜底深坑分层抛弃埋藏器物。

这种祭祀坑很奇特，刚刚露出，就显示出了被火烧过的痕迹，我们曾一度把它叫做“烧坑”（图2－39）。

但往下清理后发现，散落之中的陶片虽然很碎，但仔细观察，均能看出每件器物破碎后散落的范围（图2－40）。

当把第一层陶片取完后，下面还有一层更为密集的陶片，依据陶质、陶色同样能分辨出个体所散落的范围（图2－41）。

实际上，这种类型的祭祀坑所形成的过程非常复杂：当把坑挖好后，首先进行燎祭，然后再从坑口扔进器物，根据器物散落的范围看，应该进行了人为的整理。之后填土覆盖，再燎祭，再用同样的形式扔进器物，再进行燎祭—覆土—燎祭（图2－42）的重复过程。

图2－39　刚露面的第二种类型祭祀坑

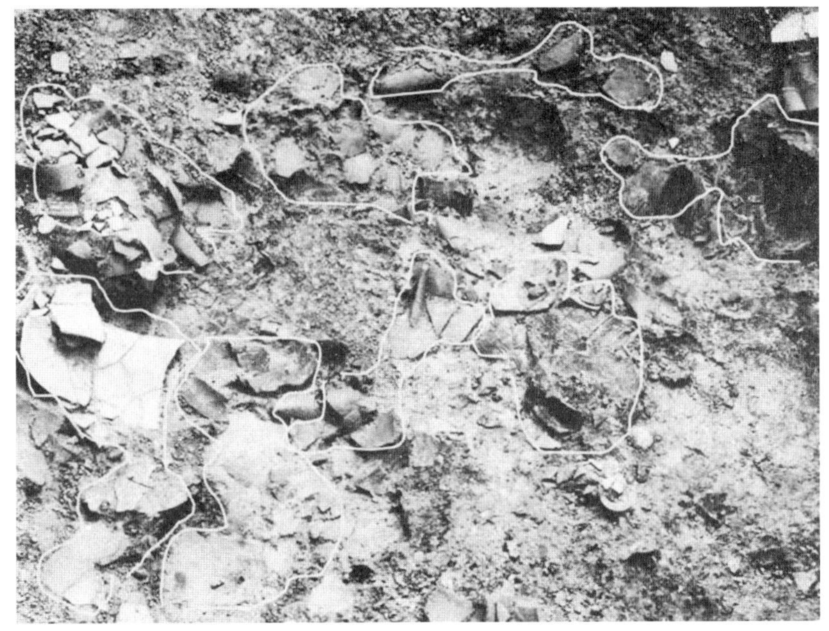

图 2－40　第二种类型祭祀坑的第一层堆积

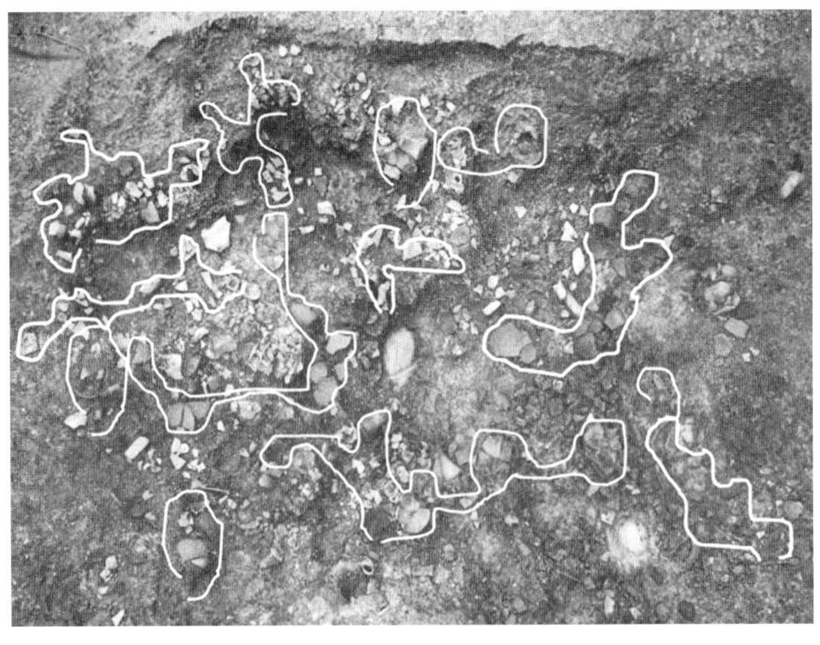

图 2－41　第二种类型祭祀坑的第二层堆积

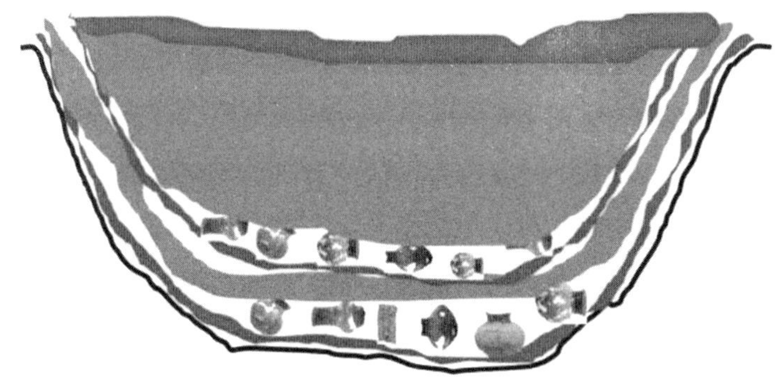

图 2－42　第二种类型祭祀坑埋藏示意图

第三，平地浅坑单层埋藏器物。

这种坑埋藏的方式比较简单，坑不深，仅仅能埋入器物，但器物的密集程度也似乎经过了人为的处理。可以看出，每件器物的破碎程度和范围与前者有一定的区别。这种坑是把器物在原地摆放，经过土层的挤压形成了原地破碎的现象（图 2－43）。

图 2－43　第三种类型的祭祀坑

这种坑中出土的总器物个体达 40 余件，部分是低温陶，修复后也非常壮观（图 2－44）。

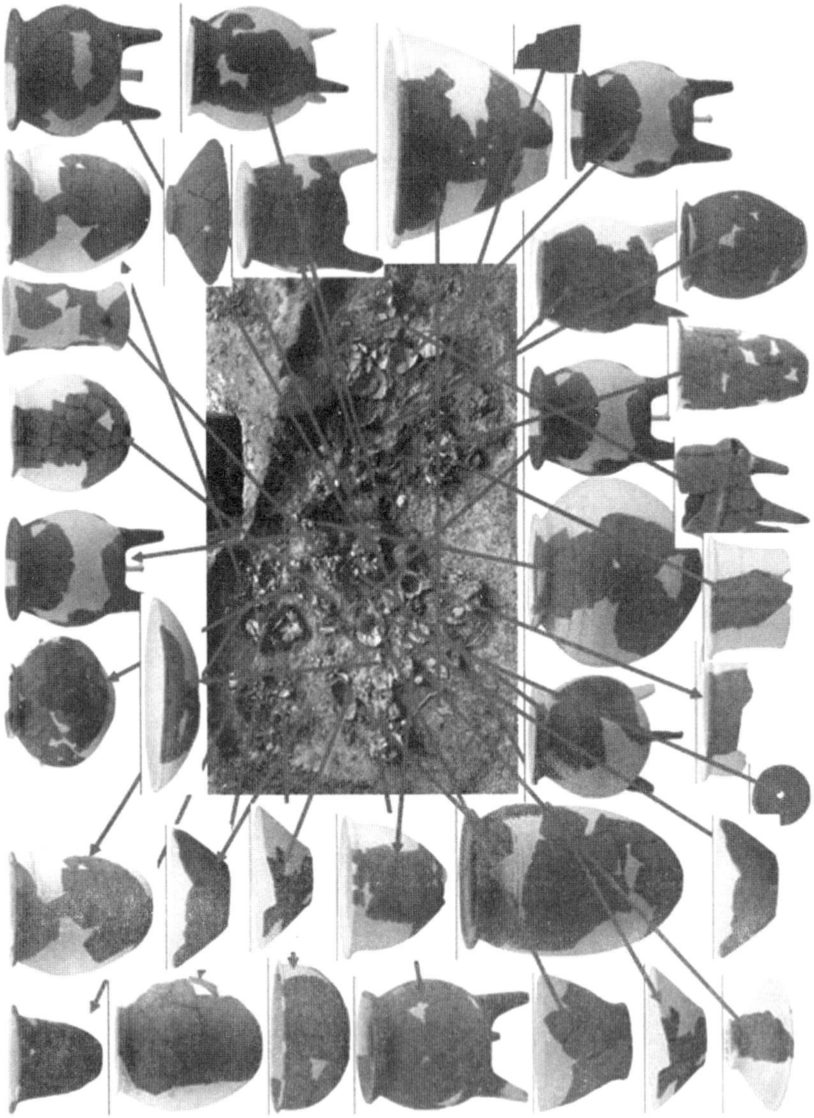

图 2－44 第三种类型祭祀坑的器物

第四，圜底深坑单层抛弃埋藏器物。

这种坑就像考古中常见的灰坑，但坑中的器物也是呈破碎状散落其中，比较单纯，没有其他遗物混于之内（图2－45）。

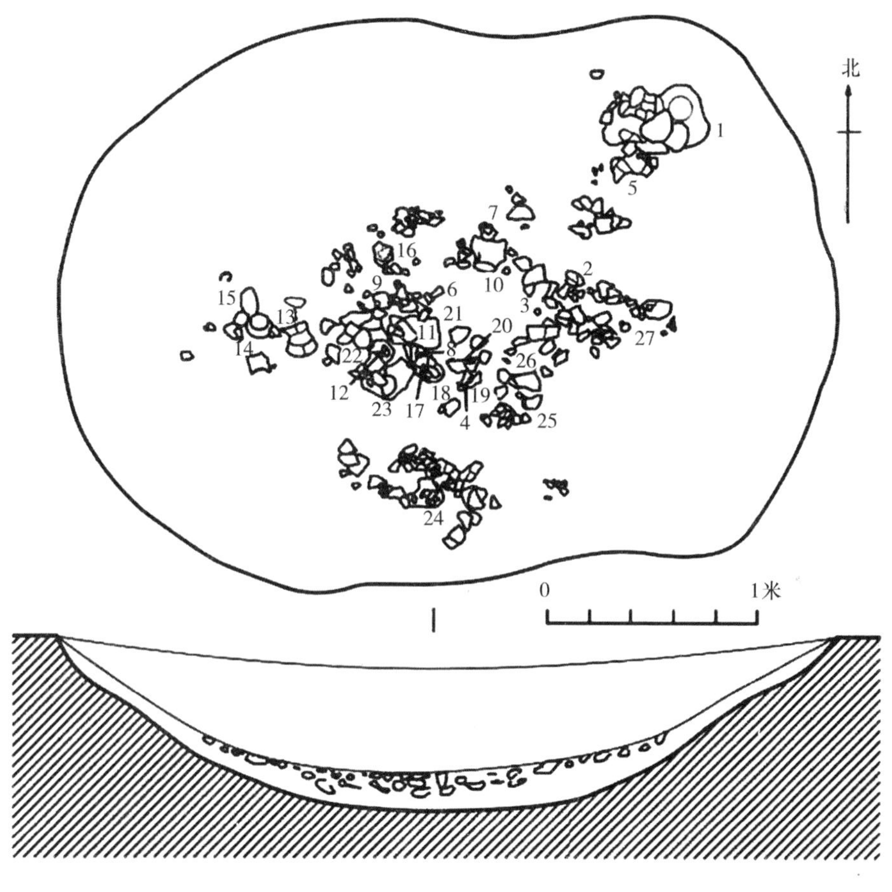

图2－45　第四种类型祭祀坑

但经过修复后我们却发现，这种坑中所埋藏的器物，是以极不规整的器盖为主（图2－46）。

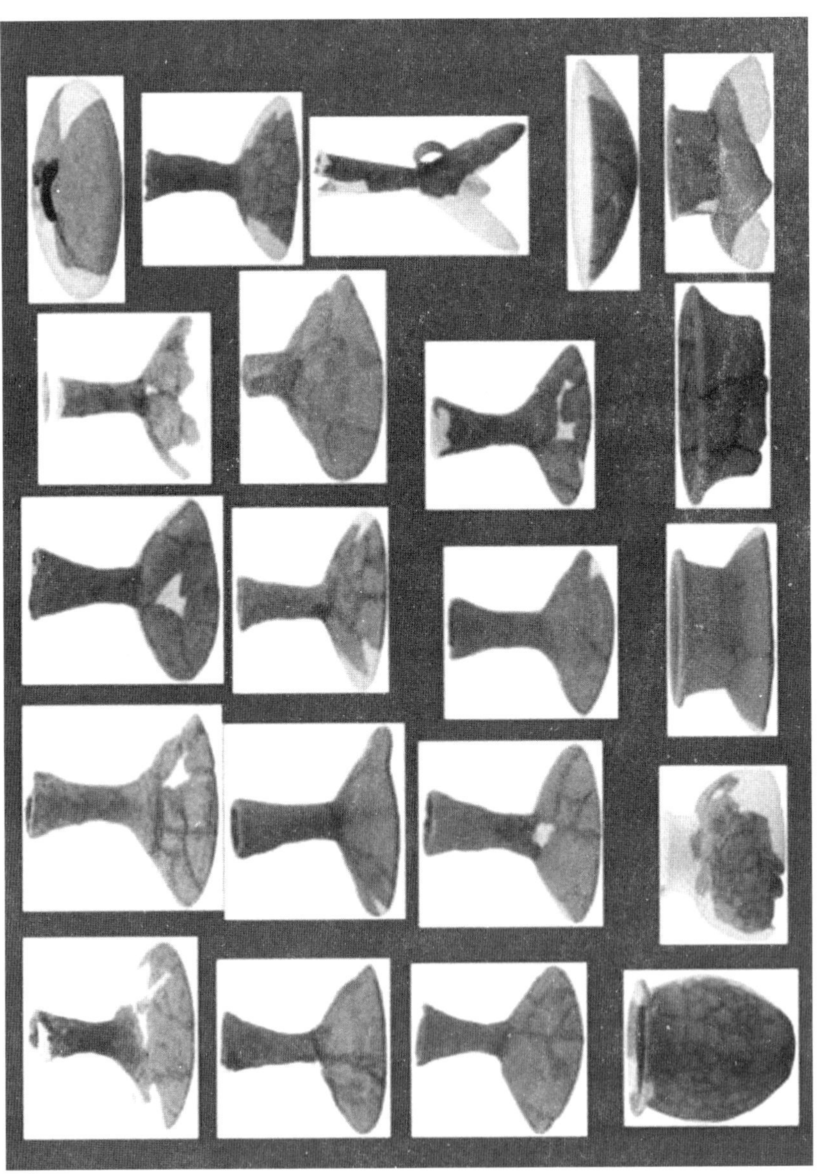

图2－46　第四种类型祭祀坑出土器物

7. 简易工棚式建筑

龙山时代人们的住房，一般都比较讲究，墙体多是经过烧烤，居住面加工得很平整，室内设施也比较齐全，在室内设置有灶，并有日常生活用具。

但在禹会村遗址中出现的房子却非常的简陋，换句话说，与龙山时代不相符。房子除面积有大小之分外，建造方法基本一样，它是在一侧挖出沟槽，在槽内栽上木柱，另一侧直接栽入木柱，形成一个简易的框架（图2－47），然后，再铺草抹泥，成为一个能遮风挡雨的空间，这就是简易工棚式建筑，就像我们现在建筑工地的窝棚。简易工棚式建筑，是不同地区在会盟期间临时搭建的住所。

图2－47　禹会村遗址简易工棚式建筑示意图

8. 极具个性的祭祀用具

我们说，禹会村遗址不是一般意义上的居住遗址，主要依据的是陶器的普遍特点。除低温陶所占的比例较大外，还有大量专门用作祭祀的器具。

假腹簋，是完全不属于生活中的实用器，但又是禹会村遗址具有代表性的器物之一（图2－48）。

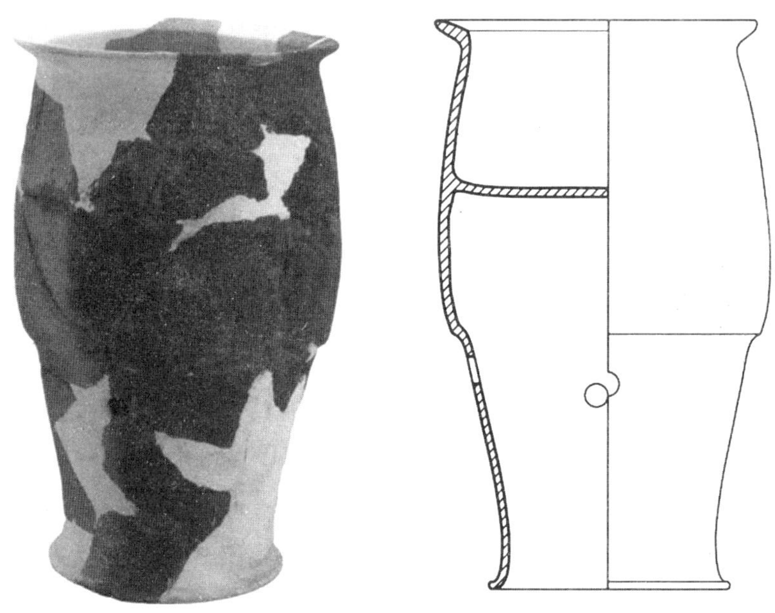

图2－48　禹会村遗址祭祀用具之假腹簋

这种器形，看上去是一种深腹的器物，但是，它有一个高高的圈足，圈足四周有四个对称的镂孔，底部烧火，烟从孔中冒出，意通天神，用这种祭祀方法可实现与天神沟通。这种器物上边能放东西的空间很小，无形中会给人一种视觉上的误导，就是说，用很少的东西能让人感觉装得满满的，这就是一种糊弄鬼的器物。看到这种现象，我们会想起有时候买鸡蛋或果篮后发现，底下填的是报纸或其他的填充物。现在啊，是人糊弄人！而在古代，却是人糊弄鬼！

这种造型，在其他同类遗址中未曾见过。器物的造型看似规整，但又不具备生活的实用功能，应是一种地地道道的摆放供品的器具。

陶盉，具有特别美观的造型，制作工艺复杂，是陶器中的珍品（图2－49）。

图2－49　禹会村遗址祭祀用具之陶盉

自古代起，凡是祭祀活动都离不开酒，陶盉既是一件酒具，也是一件高档的礼器。

陶璧形器，完全仿造了玉璧的造型，也不是生活中的实用器（图2－50）。在五年的发掘中，禹会村没有发现玉器，从遗址的性质说，“执玉帛者万国”，当时应该有玉、有帛，当然，帛是很难保存下来，而玉应该能保存下来啊。为什么没有发现玉，理由大约有四个方面：一是遗址的面积大，考古发掘根本就没有挖到；二是遗址中埋藏玉的地方已经被历年的治淮工程给破坏了，或仍被压在村子底下；三是玉是当时非常珍贵的物品，举行完祭祀活动之后被带走了；四是当时根本就没有玉，而用了这种陶璧形器作替代品。

图2－50　禹会村遗址祭祀用具之陶璧形器

用于祭祀的器具还有很多很多，有的看似是生活用具，但由于火候低，吸水性强，根本无法被用于生活中。

说到低温陶，算是禹会村遗址的特产，在同类遗址中是很难见到的。

陶器，属于人类的创造性发明，在人类早期发展史上曾经发挥过重要的作用。与日常生活息息相关的陶器，属于人类第一次改变自然材料特点的创造，具有划时代的意义。

史前时代的陶器，承载着相应遗址的地域特征、文化属性和技术发展水平等信息。它作为生活中离不开的器具，曾伴随着人类走过了万余年的历史。陶器的出现，才使人类文明的发展成为可能。

考古中发现的史前人类的陶器，涵盖了生活用具的方方面面，因此，陶器一般具有典型的区域文化特征，是判断遗址文化性质、年代范围、制作技术、发展水平的关键物证，也是考古学中类型学的主要参照物。

从制陶的发展历史而言，到龙山文化时期，陶器的历史至少有近 3 万年的发展过程。龙山文化的陶器，是人类历史上制陶的高峰期、成熟期。一般陶器的烧成温度都在 800 度、900 度以上，尤其是蛋壳陶器，素有“黑如漆、薄如纸、硬如瓷、亮如镜”的美称，所以，龙山文化时期是不应该有低温陶的。那么，禹会村遗址为什么会拥有如此多的低温陶呢？这就和它的文化性质和背景有关系。

低温陶，按正常的思维去理解，应该是人类发明陶器制作初期的物品。龙山文化时期的陶器，多数具有极低的吸水性，有的器物在敲击时还能发出清脆的响声。禹会村遗址出土的陶器在器型上虽具有龙山文化的特点，但是在火候上却表现出了一些反常现象，这是什么原因导致的？我们不能不从遗址的时代背景去考察。禹会，是因“禹会诸侯”而得名，其遗址也被考古界定为大型的礼仪性建筑基址，考古工作已经证实了史书记载和民间传说“禹会诸侯”事件的真实性。一系列的考古论证，无不得益于遗址中各类遗迹、遗物的出现。因此，我们不能不承认禹会村遗址的低温陶就是专门为祭祀而烧制的。

低温陶，表现为陶器的烧制火候低、陶质疏松、吸水性强、容易破碎等特点。有相当多的器物，在清理时很难辨认器物的本来形状，甚至达到了极其难以提取的程度，只有在经过高难度的修复后才能知道它本来的形状（图2－51）。

图2－51　低温陶现象

类似这样的陶器，在禹会村遗址中占据了相当大的比例，可见祭祀用量之大。

这些极具特色的器物标本，使得我们不得不思考该文化与周边同类文化的关系。长江、黄河是中国境内的两大流域，都拥有发达的龙山时代文化遗址，但在两大流域之间的淮河流域是否也存在有发达的龙山文化呢？禹会村遗址的考古发掘提供了肯定的回答。考古成果显示，禹会村遗址的文化特征，除具有自身的文化特点外，还融入了不同地区同期文化的诸多元素。从相关遗址的特色器型和常见器型看，禹会村遗址既有北方龙山文化时期的特点，又有南方同期文化的诸多因素。可以认为，淮河流域早在4000多年前，就很可能已经是北方文明和南方文明交汇碰撞的地方，正因为这一交汇碰撞，才产生了全面、精彩的龙山文化。

禹会村遗址复杂的文化内涵，说明它是来自于不同区域的人群在此形成的。

九　与中原地区龙山文化的比较

中原指河南省一带。龙山文化在中原的覆盖面积广、年代跨越大、文化内涵丰富，其中的王油坊类型就是分布在黄淮平原地区的龙山文化，这一类型也扩散到了江苏北部以及更大的区域，禹会村的扁体状侧三角足鼎即具有上述地区共同特点（图2－52）。

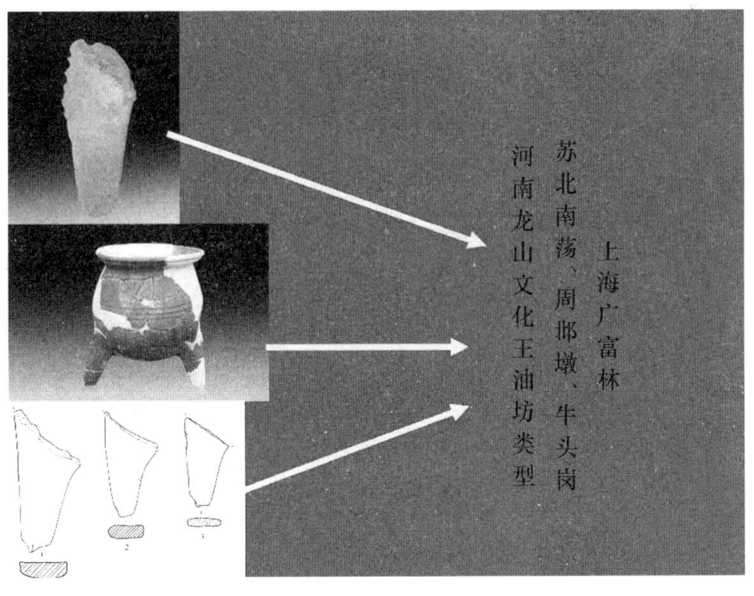

图2－52　禹会村遗址具有中原文化、苏北文化、广富林龙山文化特点

十　与黄河下游龙山文化的比较

黄河下游的龙山文化在山东地区有着广泛的分布，同时，又更大面积地辐射到了江苏北部和辽东半岛等地。龙山文化的特征非常明显，其中的朝天流陶鬶、磨光黑陶高柄杯等，是龙山文化中最具代表性的器物之一，特别是有“鬼脸式”足的鼎，特征鲜明，并给相邻地区以强烈影响。禹会村遗址中的“鬼脸足”鼎等，就显示出了山东龙山文化的特征（图2－53）。

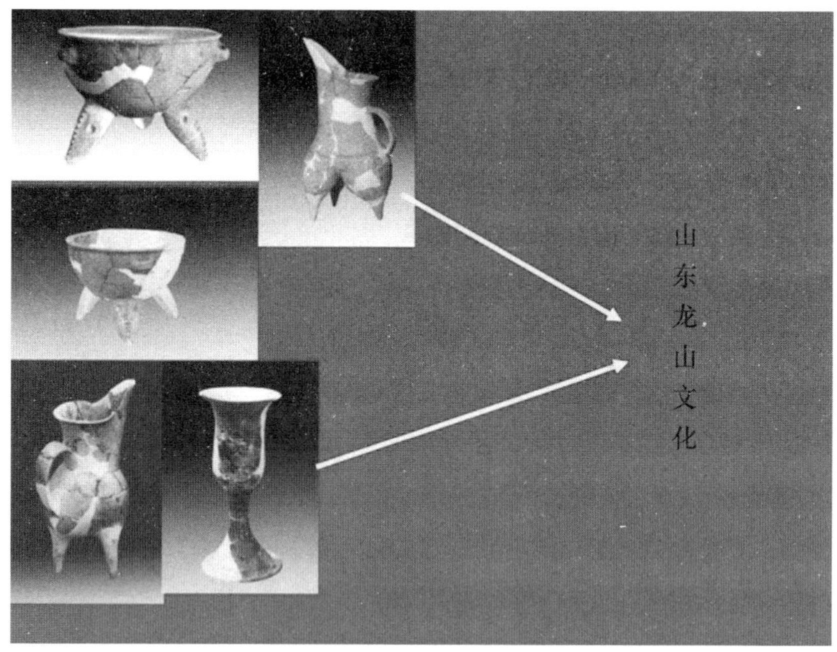

图2－53　禹会村遗址具有山东龙山文化特点

十一 与江汉平原石家河文化的比较

在石家河文化的邓家湾遗址[①]和肖家屋脊遗址[②]中，红陶盉，器型别致，造型具有一定的美感，与禹会村遗址的陶盉造型完全一致，如同出自一人之手（图2－54）。

十二 与长江流域良渚文化、屈家岭文化的比较

在石家河文化中，从屈家岭文化到石家河文化，均流行凹底罐，这在石家河文化的遗址群中都有普遍的发现，然而，禹会村遗址中的罐形器，几乎全部为凹底，器物的造型也非常一致（图2－55）。

十三 禹会村遗址的自身特点

禹会村遗址的陶器，自身特点如下：

第一，器形单调，低温陶多。

第二，部分器物严重变形，或出现器形不对称现象。

第三，出土的遗迹无不与祭祀活动有关。从低温陶的比例看，多数都是为祭祀所烧制的。

---

① 湖北省文物考古研究所、北京大学考古学系、湖北省荆州博物馆、石家河考古队：《邓家湾——天门石家河考古报告之二》，文物出版社2003年版。

② 湖北省荆州博物馆、湖北省文物考古研究所、北京大学考古学系、石家河考古队：《肖家屋脊——天门石家河考古报告之一》，文物出版社1999年版。

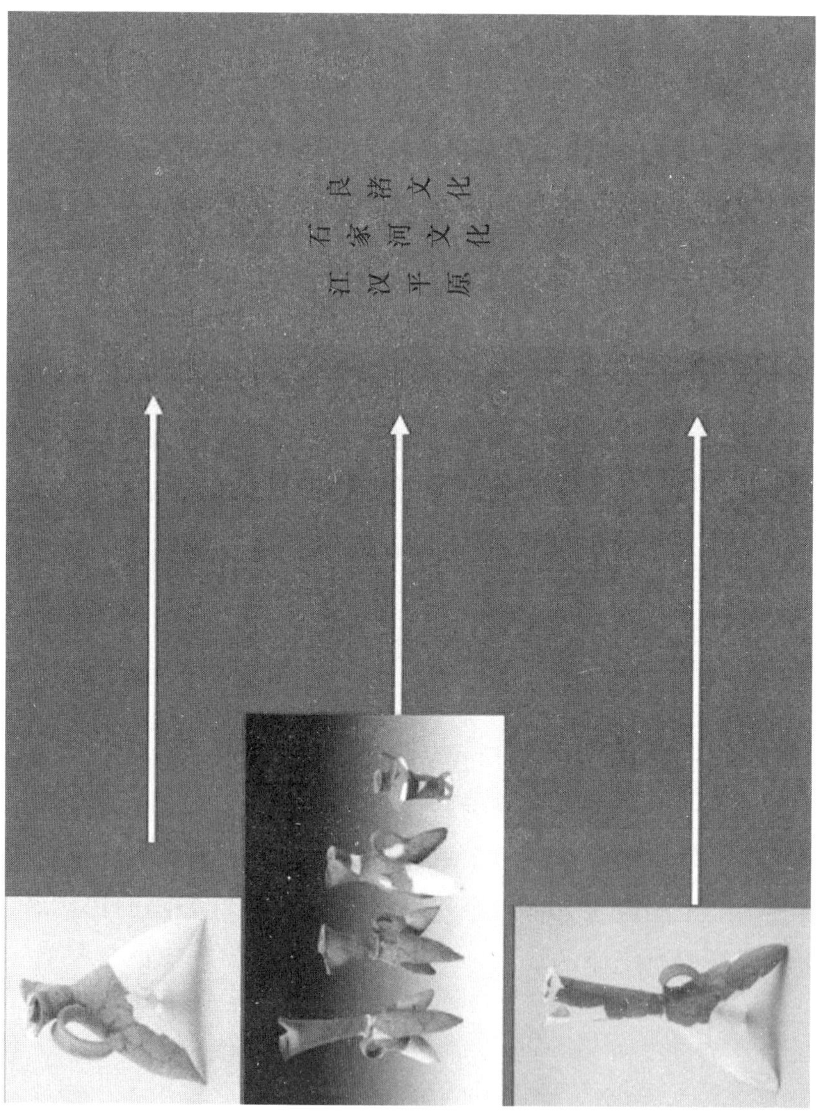

图 2－54　具有江汉平原石家河文化、良渚文化特点

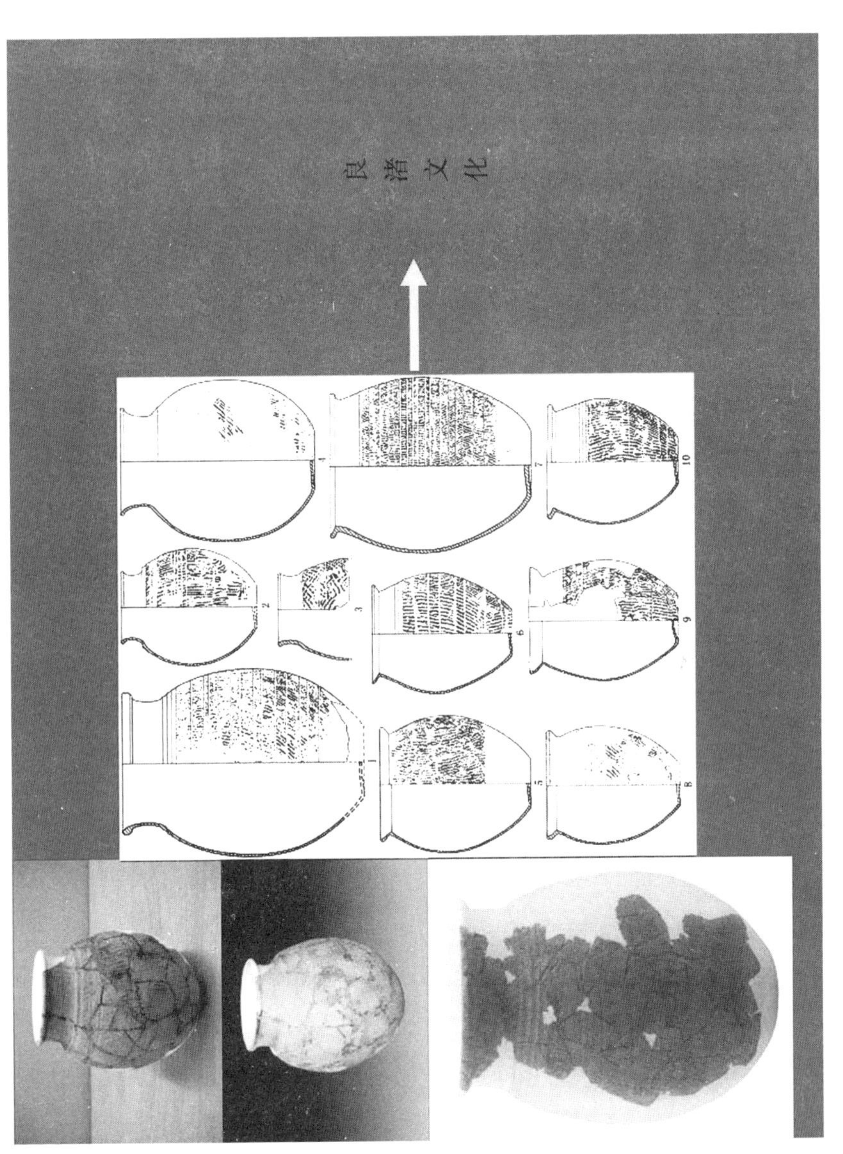

图2－55　凹底罐具有良渚文化特点

十四 对禹会村遗址的科学论证

禹会村遗址尽管经过了钻探、试掘和发掘，并对遗址给予了定性，但遗址的实际情况却使我们喜忧参半。

喜的是：遗址的面积大，大到至少有50万平方米。在龙山文化阶段，这样的面积，与黄河流域和长江流域相比虽然不占面积上的优势，但在淮河流域却是目前最大的龙山文化遗址，而且是一处单纯的龙山文化遗址。

忧的是：遗址被严重破坏。主要原因有二：其一，遗址位于淮河岸边，淮河大堤修筑取土和历年的治淮工程，大量地破坏了遗址的地层，同时，蚌埠—淮南的省级公路又从遗址中心穿过，致使河堤至淮河之间的大面积遗址的文化层仅保留不足20厘米的厚度。其二，禹会村南部的前郢村，有相当大的一部分覆盖于遗址之上，又加上历年的农村扩建和水泥地面硬化，占用和破坏了遗址面积，可发掘的地方实在有限。我们只能根据实际条件选择可发掘部位。

考古是一项十分复杂和细致的工作，任何蛛丝马迹都不能放过，很多东西只要能看到痕迹，就必须把这些痕迹详细地记录下来，拍照下来，全面详尽的保存第一手资料，以备研究和复原。

但是，对禹会村这样的特殊遗址，仅用现代考古学的方法是无法诠释其中的密码的，必须借助于多学科的手段，全面地去搜索用肉眼看不到的信息。

第一，Rb/Sr同位素分析显示，距今4100年之后的龙山文化晚期，经历了暖湿—冷干—再暖湿—再冷干的气候变化过程，该时期与史书记载的“大禹治水”时期相符。从而证实了禹会村遗址与“大禹治水”的传说有密切关系。也证实了涂山是“禹会诸侯于涂山，执玉帛者万国”这一历史记载的发生地。

第二，利用气相色谱—质谱联用仪（GC－MS）对禹会村遗址龙山时代文化晚期地层和耕土层中的正构烷烃分析结果显示，龙山文化晚期地层草本植被占绝对优势，地层中正构烷烃显示水生植被比耕土层丰富，说明在禹会村遗址龙山文化晚期阶段的植被中有一定比例的苔藓类植物和水生大型植物（沉水和浮水植物）。由此可得知禹会村遗址龙山文化晚期的气候类型为温凉湿润型。

第三，孢粉分析表明，龙山文化时期有几次较明显的气候温暖湿润和气候干凉的环境波动，体现出了阶段性湿生环境。

第四，对禹会村遗址人类堆筑台基土壤样品的科学分析显示，土壤的颜色不同是由于土壤中某种化学成分的不同而引起的，可以判断这几种土壤的来源不同，肯定是经过了人为选择或加工，据此，可以推测禹会村遗址大型祭祀台基是经过精心设计、刻意修整的，足见当时人们对该建筑是十分重视的，祭祀被当作了政治生活中的大事。

第五，采用热膨胀仪分析法，选取了禹会村遗址10件不同遗迹单位、不同材质类型、不同烧结程度的陶器进行烧成温度测定，结果显示，最高烧成温度为917℃，最低为550℃～650℃，其中，低温陶占禹会村遗址出土陶器的绝大多数，这一结果支持了“禹会村遗址是一处以祭祀为主的礼仪性基址”之判断，进一步说明了该遗址陶器主要是为祭祀而制作的。

第六，利用ICP－AES和ICP－MS分析方法测定了禹会村遗址出土的不同类型陶器的微量元素组成。微量元素分析结果显示，禹会村遗址出土的普通陶器应是禹会村遗址本地所产。稀土元素分析结果显示，禹会村薄胎黑陶产地很有可能是距离禹会村遗址以外的某个地点。这一结果为探索禹会村遗址的性质、验证“禹会诸侯于涂山”这一历史事件提供了重要线索。

禹会村遗址考古发掘所取得的成果，使我们再次认识到像以往那样仅仅靠文献的梳理和考证是难以解决禹会诸侯的涂山地望的。只有依靠考古发掘才能有所进展。换言之，禹会村遗址的发掘，使“禹会诸侯于涂山”的古史传说得到了落实。我们之所以这样说，有如下理由。

第一，禹会村所在地的涂山地区，地势比较低平。在涂山脚下有淮河、涡河、天河等水系环绕，当洪水泛滥时，它必然有治水的需求。

第二，蚌埠市的涂山是南北交通和南北族群的交汇之地，这对于禹这位联盟盟主选择会盟之地来说，也是理想之地。

第三，禹会村遗址的文化特征恰恰是南北文化的交汇。其中，既有来自中原文化的因素——如河南龙山文化王油坊类型；也有来自山东龙山文化的因素；还有来自江南许多文化的因素。这种多方面的文化汇集为说明“禹会诸侯于涂山”提供了考古学文化的背景和解决问题的坚实依据。

第四，禹会村遗址的功能也有助于说明这一问题。例如，遗址中35个柱洞一字排开，它们是竖立各个部族图腾旗帜的柱子洞，这与会盟的情景正好相吻合。

基于上述的认识，我们认为，“禹会诸侯于涂山”之涂山，应该在今安徽省蚌埠市怀远县南边的涂山。大禹之所以在这里会合诸侯，就因为这里原本就是南北文化和族群交汇之地。[①]

十五　社会各界对考古工作的支持

当考古队第一次踏入禹会村时，就引起了不小的轰动。禹会村南部的前郢村的锣鼓班子总是以传统的方式迎来送往；从区政

① 王震中：《从蚌埠禹会村遗址看涂山的所在及夏禹权力的时代特征》，《禹会村遗址研究——禹会村遗址与淮河流域文明研讨会论文集》，科学出版社2014年版。

府到镇政府再到禹会村南部前郢村的村民，都给予了极大的方便。当发掘工地需要高空拍照时，前郢村的村民免费把自己家的吊车开到现场，把笔者捆绑在椅子上提到高空。

捆绑在椅子上高空拍照，我只能用四个字形容：胆战心惊。咳！都是为了工作！（图2－56）

图2－56　当地村民免费提供吊车，用于高空拍照

禹会区区委、区政府得知情况后，时任区委书记宋家传同志及时给我们解决了大难题——每当再需要高空拍照时，就马上安排路灯管理所的升降车以最快的速度赶到现场，让我们免费使用，提高了高空拍照的质量和安全性（图 2－57）。

图 2－57　当地路灯管理所免费提供升降车，用于高空拍照

发掘期间，为了工地上网方便，蚌埠市移动公司免费为考古队安装、调试无线上网设备（图 2－58）。

图 2－58　蚌埠市移动公司免费安装无线上网设备

蚌埠市江淮车轮公司和金泰公司分别向考古队赠送了 T 恤衫和摄影背心（图 2－59）。

图 2－59　蚌埠市江淮车轮公司和金泰公司赠送 T 恤衫和摄影背心

2010 年，我们的发掘工作延续到了大雪封门的日子，禹会区区委宣传部、秦集镇政府雪中送炭，给考古队的工作人员送来了液晶电视机、食品和羽绒服（图 2－60）。

图 2－60　禹会区区委宣传部、秦集镇政府送来羽绒服

民盟蚌埠市委、《蚌埠市广播电视报》、蚌埠市计划生育办公室、禹会区文体局等单位，都以不同的形式给考古队送来慰问品。每次发掘结束前，我们都需要用沙子覆盖遗迹，禹会村南部前郢村村民宫元俊免费给我们提供河沙上百车，并安排车辆送到"探方"边，为此，蚌埠市电视台还专门采访了这位大力支持考古工作的纯朴村民（图 2－61）。

当地政府的支持、当地村民的无私奉献，给考古发掘工作提供了全面的保障。我们理解，他们送的不仅是心意，更是对我们发掘大禹遗迹的期望。

图 2－61 蚌埠市电视台采访宫元俊

十六 考古带我们穿越历史的时空隧道

考古发掘，让我们对禹会村另眼相看，这处不曾被人关注的村庄，地下真的埋藏着惊天动地的往事。考古钻探和发掘告诉我们，原始先民们曾在这里繁衍生息，在发展自身文化的同时，也接受了南来北往文化的影响。特殊的文化迹象，显示了同样重要的历史价值和社会价值，并且有很多值得我们深思的东西。

山东龙山文化、河南龙山文化在这里共存，且相同的文化迹象又在长江流域展现，这不仅仅是单纯的文化渗透，而是较大规模的人口从北方迁入的结果。新的人群，带来了新的文化，造成了新石器时代晚期地方文化的大震荡和大变迁。禹会村的文化现象十分复杂，龙山文化在本地区发展的同时，当地自身的活动范围也越来越大，并与周围的交往十分密切。换句话说，原始社会末期的禹会村遗址，达到了非常繁荣的程度，加上一些周边地区文化因素的影响，使得这个时期的文化内涵呈现出一种多样化交叉的特点：一方面，它被其他文化影响，另一方面，它也影响了其他的文化。它们在相互交融中发展壮大。

十七　禹会村遗址给我们留下了鲜明的时代符号

以考古的方法发掘禹会村遗址，是解密历史往事的最好途径，我们可以从封存于地下数千年的地层中去寻找到一些不为人知的故事。禹会村遗址究竟有哪些值得我们作进一步的研究呢？

1. 遗址的年代缩短了与大禹的距离

禹会村遗址的木炭标本，经中国社会科学院考古研究所^{14}C实验室测试，其年代为（半衰期5568）：距今3822±40（公元前1872±40），树轮校正年代为：公元前2350（68.2%）和公元前2190。这个时期，正是龙山文化晚期，也是它在淮河流域最繁盛的时期，而龙山文化时期与大禹的时期刚好吻合，同时，又加上地理位置的吻合，这说明我们在一步一步地向大禹接进。

黄河中、下游地区新石器时代晚期的龙山文化在淮河流域的出现，代表了一种新型的聚落形态，它应是当时政治、经济和宗教活动的重要区域。从考古资料去考察当时的社会发展和演进，探索各个地区文明起源的进程以及后来如何汇聚、如何加速王权国家的形成，禹会村遗址的发掘显示出了很重要的意义。

2. 遗址的面积展示了史前文化的繁盛

禹会村遗址，是一处单纯的龙山文化遗址。分布的面积为南北约2500米，东西约200米，总面积至少有50万平方米。遗址呈南北狭长形分布于淮河东岸，是目前所知的淮河流域首次发现的最大的一处龙山文化遗址。它的文化性质单纯，显示了在原始社会末期，龙山文化在当地具有旺盛的发展势头，并发挥了对周边文化的影响作用。如此大的面积，说明了当时的时空跨度，也说明了当时人们的活动时间和活动范围。它是中国古代文明探源研究不可忽视的内容之一。

3. 特殊的地理位置有望破解久远的疑问

禹会村遗址坐落于安徽省蚌埠市西郊涂山脚下的淮河东岸。如今的涂山，山水秀丽，涡、淮两水交汇，水清林幽。荆、涂二山形成两壁对峙之势，淮水从荆、涂两山之间流过，一泻千里。据说这就是大禹在治水过程中劈开的通道。相传汉高祖刘邦过涂山，命立禹庙以镇涂山、命立启庙以镇荆山。涂山之巅众多的名胜古迹和山脚下的禹会村，吸引了历代的文人墨客登临怀古，吟诗作赋。

大禹在涂山会盟诸侯的时期，正是夏王朝成立之前，也是中国古代王权国家形成的最关键时期。所以，与“大禹治水”有关的禹会村遗址，也就自然成了关键时期的关键遗址。另外，史书中的记载，如“禹会诸侯于涂山，执玉帛者万国”（《左传·哀公七年》）。“夏之兴，源于涂山”（《史记》）等等，也确立了涂山和禹会村遗址的重要历史地位。这里孕育了博大的淮河文化和大禹精神。因此，通过禹会村遗址的考古资料去研究淮河文化、研究中华文明起源，具有非常重要的学术意义。应该说，禹会村遗址在江淮地区的文明探源研究中，起到了一种支撑的作用。

4. 复杂的文化迹象给我们留下了深深的思索

“禹墟”是夏王朝建都之前华夏族的重要活动区域，具有重要的历史地位。和其他遗址所不同的是，它基本上分为祭祀场所和生活区两个部分：

第一，遗址中存在着一处约两千平方米呈“甲”字形布局的祭祀台基，分别用灰土、黄土、白土采用槽式堆筑法自下而上堆筑而成，最后形成一个具有一定形状和范围的白色覆盖面，在白色覆盖面的北部中间，还有一处用作“燎祭”的火烧面。所谓“燎祭”，就是将薪柴积聚在一起，将动物、玉、帛等物置于其上，以烧燎之。这样，牲体气味可上达于天，天神可享之。虽然这处遗迹的出土物不多，但却蕴藏着大量的未解之谜——当年人们为何动用巨大的人力挖槽、堆筑成具有神秘色彩的台基？又为什么在台基之上的固定位置进行复杂的燎祭活动？为什么在燎祭场所的附近曾经摆放有陶杯、陶甗之类的器物？在如此大的范围内进行的活动到底有多少人参加？谁具有如此大的号召力担当组织者？为何举行如此规模的活动？难道这一切真的与“禹会”的由来有关吗？

第二，距祭祀台基不远的地方，存在着丰富的文化堆积，虽然多年的治淮工程使遗址的地层遭受破坏，但当时具有祭祀性质的器物坑依然存在。坑内埋藏有大量的陶器，并伴随有木炭和被火烧过的兽骨；同时，具有神秘色彩的圆圈迹象，影射出它具有内在含义。这些既熟悉又陌生的器物好像在暗暗地告诉我们，禹会村不是一般的人类居住遗存，应是以祭祀为主要内容的活动场所。

5. 丰富的文化面貌使学术界开阔了视野

禹会村遗址的文化面貌既有山东龙山文化的特点，又有河南龙山文化的因素，同时，与良渚文化亦存在着一定的联系，表现出了中国江淮地区复杂的文化面貌。通过比较，我们已在上海市松江区广富林遗址、江苏省兴化市南荡遗址、江苏省高邮市周邶墩遗址、江苏省南京市牛头岗遗址等等，找到了相同或相似的文化因素。“禹墟”遗址出土的陶器带有明显的黄河中下游的龙山文化特征，从陶器的演变上使黄河中下游——淮河流域——长江下游的龙山文化形成关联，从而证明，淮河流域是古代文明传播的一个重要路径，是连接黄河、长江两大文化传统的纽带和桥梁，也是华夏、东夷、苗蛮三大集团相互碰撞和融合的地区。所以说，丰富、复杂的文化内涵，决定了禹会村遗址的重要意义。

在前期的工作中，我们曾提取地层土样进行测试，对禹会村遗址距今4500年—4000年龙山文化时期环境进行了研究，取得了一定的成果：在距今4500以前，该地区气候湿润，淮河处于高水位，遗址可能被水淹没；从距今4500年开始，气候趋向干旱，淮河及其支流水位开始下降，龙山文化出现；在距今4000年前后的龙山文化中、晚期，环境开始向暖湿的方向发展，气候更加湿润，降雨量增加，河流水位上涨，甚至洪水泛滥，正是史载的“大禹治水”时期。可见，在距今4500年—4000年之间，该地区的环境总体趋势大致经历了暖湿—冷干—再暖湿—再冷干的气候变化过程。“大禹治水”的成功，可能与气候的冷干期有一定的关系。

经过5年的大规模考古发掘，这处原本属于蚌埠市文物保护单位的禹会村遗址，迅速提高了身价，一跃成为全国重点文物保护单位（图2－62）。蚌埠市的禹会村是声名远扬。

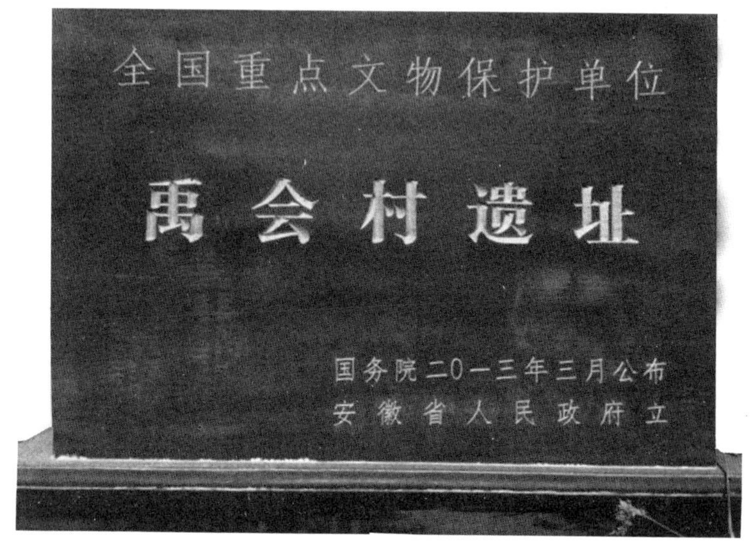

图2－62　2013年新立的全国重点文物保护单位禹会村遗址标志

十八 考古发掘，一锤定音

禹会村遗址的考古成果，吸引了学术界的目光。2013年12月20日—22日，在蚌埠市举行了“禹会村遗址与淮河流域文明研讨会”（图2－63），来自中国社会科学院考古研究所、北京大学、安徽省文化厅、安徽省文物局、安徽省文物考古研究所、中国科学技术大学、河南省文物考古研究所、浙江省文物考古研究所、江苏省文物考古研究所、山东省文物考古研究所、西南科技大学中国先秦史学会、河北师范大学历史文化学院、上海博物馆、上海大学古代文明研究中心、天津师范大学、南京市博物馆、皖西学院、科学出版社、《中国文物报》、山东大学、南京大学、南京师范大学、安徽财经大学历史文化研究所、蚌埠市淮河文化研究会、安徽省蚌埠市涂山大禹文化研究会、蚌埠学院淮河文化研究中心、蚌埠市博物馆等数十家研究机构、大专院校、学术团体汇聚蚌埠市，就禹会村遗址的考古成果进行论证与研讨。

同时，还有《人民日报》、人民网、新华社、新华网、《光明日报》《经济日报》、中央人民广播电台、中央电视台、中国新闻社、《中国日报》《中国文化报》《中国消费者报》、香港《文汇报》、香港《商报》、香港《大公报》、凤凰卫视、中国文明网、《安徽日报》、安徽广播电视台、中安在线、《安徽经济报》《合肥晚报》《江淮晨报》《新安晚报》《安徽法制报》《安徽商报》《市场星报》《南京晨报》、安青网、新浪网、网易、搜狐、《蚌埠日报》《淮河晨刊》、蚌埠市电视台、蚌埠市《广播电视报》等数十家媒体进行了全方位报道（图2－63）。

图 2－63　研讨会合影

中国先秦史学会名誉理事长、“夏商周断代工程”首席专家、清华大学著名教授李学勤先生专门发来贺信。

禹会村遗址与淮河流域文明研讨会组委会：

欣闻由中国社会科学院古代文明研究中心、安徽省文化厅、蚌埠市人民政府主办，中国先秦史学会协办，蚌埠市文广新局、禹会区人民政府承办的禹会村遗址与淮河流域文明研讨会，在古之涂山——蚌埠市隆重召开。在这里，请允许我以中国先秦史学会名誉理事长、清华大学出土文献研究与保护中心的名义，谨向你们并通过你们向与会的各位领导、各位专家学者以及社会各界的朋友们，致以最热烈的祝贺和最美好的祝福。

大家知道，进入新世纪以来，淮河流域考古不断有新的发现，特别是禹会村遗址的重大考古发现，对我们考证古史，探讨淮河流域文明，乃至中国早期国家的形成和发展，都具有重大的历史意义和积极的现实意义。

近些年来，我们中国先秦史学会与蚌埠市人民政府、安徽省文化厅等多家单位合作，先后组织召开“涂山·淮河流域历史文明研讨会”“双墩遗址学术研讨会”，有力地推动淮河流域历史文明研究的深入开展。

因此，我们有理由相信，通过本次禹会村遗址与淮河流域文明研讨会，采用多方合作的形式，多层次、多视角、多学科探求禹会村遗址与淮河流域文明，必将进一步使淮河流域历史文化研究迈上一个新台阶，开创中国古代文明研究的新局面。

最后，我们预祝大会圆满成功，遥祝各位身体健康。

清华大学，李学勤，2013 年 12 月 20 日。

中国社会科学院古代文明研究中心主任王巍在开幕辞说：

对中国古代历史文化的研究，正越来越受到国家与社会的重视。2001 年，“中国古代文明探源工程”启动，该工程是继国家“九五”重点科技攻关项目——“夏商周断代工程”之后，又一项由国家支持的研究中国历史与古代文化的重大科研项目。其目标是多学科结合，全方位、多角度、多层次地研究中华文明的起源与早期发展的过程、背景、原因、特点与机制。随着国家民族的振兴，我们的学术工作一定会继续进展，取得更多、更大的成绩。

淮河流域文明在历史上的地位是绝不可忽视的。淮河流域夹处于黄河、长江之间，在南北文化的交汇融合上，起着关键的作用。禹会村遗址位于安徽省蚌埠市西郊涂山南麓的淮河东岸，是淮河流域目前发现最大的一处龙山文化遗址，总面积约 50 万平方米。“禹会”，相传是因“禹会诸侯”而得名，《左传》和《史记》中分别有“禹合诸侯于涂山、执玉帛者万国”和“夏之兴，源于涂山”等记载，以此确立了涂山和遗址的重要历史地位。大禹生活的年代正是考古学上的龙山文化晚期，也是中国国家形成的关键时期。发掘禹会村遗址，揭秘淮河流域龙山时期的文化面貌，解读大禹传说，揭开历史悬疑，为历史学家判定涂山地望、研究夏代前期历史等，将提供有力的佐证。同时，对探讨中国古代文明的起源及发展历程，具有重要学术价值。

中国社会科学院考古研究所于2006年实地勘察和钻探后，又于2007年—2011年进行了五次规模性发掘，揭露面积近万平方米，获得了重大学术成果。禹会村遗址，表现的是以祭祀为主要内容的遗址，主要体现在各种具有鲜明祭祀性质的遗迹和遗物上，是近年来龙山文化遗址中，尤其在淮河流域罕见的文化现象，为解读淮河流域文明化进程提供了有力的佐证。从我们目前禹会村遗址的考古发掘材料可以看出，这里的古代文明还有更多的秘密有待大家揭示。

12年前，在这里就举行过“涂山淮河流域历史文明研讨会”，3年前的“安徽省蚌埠市禹会村遗址考古发掘专家座谈会”，都取得了丰硕的成果，相关的论文集都产生了很好的影响。现在的蚌埠市，经济、社会建设迅猛发展，面貌已焕然一新。这次研讨会主题是禹会村遗址与淮河流域文明，许多学者带来了自己的研究论文和资料，相信将提出新问题、新线索、新观点、新答案，各抒高见，和以往的研讨会一样，对学科的发展做出贡献。

北京大学资深教授严文明先生在讲话中说：

这次学术盛会，讨论的课题非常重要。它的一系列重大的发现，首先是有三十多个长方坑的大型礼仪性建筑。我当时看到简报感到非常震撼，在中国考古历史上还是第一次发现。陶器的火候不高，却很有特色，反映了不同的文化渊源。涂山的地望也有五种不同的说法。比较起来，禹会村旁的涂山似乎更近于事实。所以，发掘者把它跟“禹会诸侯于涂山”，或者按《左传》说的“禹合诸侯于涂山”联系起来，这些想法是很有道理的。

北京大学教授李伯谦先生说：

王吉怀先生以古文献“禹会诸侯于涂山，执玉帛者万国”的记载为线索，对这些发现和遗迹现象一一作了解读，我认为是有道理的，有说服力的。那个最受注目的T形台基，只在禹会村遗址发现绝非偶然，吉怀先生把它解释为禹会诸侯时举行礼仪祭祀活动的遗留，马上就使大家联想到当时禹大会诸侯的盛况：台基上的方形高台，彷佛就是大禹站立其上发表盟誓之处；高台南边一排35个长方形柱坑，仿佛就是插立各路诸侯旌旗的遗迹，高台北边的烧土地面则是举行燎祭仪式的地方。西边紧邻台基的祭祀沟和分散的祭祀坑，是各地诸侯举行祭祀活动后集中倾倒祭器的处所；附近不远处的那些简易工棚，则可能是来自不同部落集团首脑临时栖居之地……禹会村遗址的地理位置、延续时代、内涵特征、文化面貌均可与口头传说、文献记载相对应，我们很难拿出过硬的证据否定这种推断和解释的合理性。

中国社会科学院历史研究所研究员罗琨认为：

古史传说中“禹会诸侯”的可信性应是没有问题的。如今，在长久流传着“禹会诸侯”传说的蚌埠市禹会村，又发现了相当于大禹时代的大型祭祀台基址，证实在这里确曾发生过类似“禹会诸侯于涂山”历史事件。在蚌埠涂山，概括了“禹娶”“禹会”的“禹墟”之说能够长久流传，表明它并非无源之水，一种可能是蚌埠市涂山确实是禹的故地。在广阔的中华大地，文明不是从一个中心发展起来的。①

浙江省文物考古研究所研究员陈明辉、刘斌认为：

安徽省蚌埠市禹会村的考古发掘，不仅证实了这一遗址的年代在龙山文化晚期，而且禹会村遗址的文化面貌也反映出了南北交融的文化现象。考古带我们逐渐走向历史的真实，因此，我们越来越相信“禹会诸侯于涂山”这样的传说。②

天津师范大学教授杜勇认为：

禹会村遗址的遗迹现象，符合“禹会诸侯”这样的短期行为。这种现象可能说明，当时有不少部落到此参加盟会和祭祀活动，故有相关遗物的出土。禹会村遗址建筑的临时性和文化的多样性，正与“禹会诸侯于涂山，执玉帛者万国”的情势相契合。可以认为，禹会遗址正是禹会诸侯而临时修建的用于盟会祭祀的礼仪建筑。③

---

① 《禹会村遗址研究》，《禹会村遗址与淮河流域文明研讨会论文集》，科学出版社 2014 年版。

② 同上。

③ 同上。

西南科技大学文学与艺术学院教授、四川省社会科学院禹羌文化研究所、中国先秦史学会禹羌文化研究基地理事李德书认为：

> 淮河流域应是中华文明的源头之一。淮河文明应与北方文明、南方文明相提并论，合称中华三大文明。安徽省蚌埠市涂山就是位于“寿春东北”的“禹娶涂山”和“禹会诸侯于涂山，执玉帛者万国”的涂山。[①]

中国社会科学院考古研究所研究员何驽认为：

> 禹会村遗址祭祀礼仪遗存可称之为“祭场”，中轴线上一列柱坑及其柱洞，很有可能是参加夏禹治淮工程的各地部族（文献称之为“诸侯”）树旗之洞。显然暗示该基址的祭祀礼仪功能与水有关。是我们迄今考古发现的最大也是唯一的“治水”祭仪场所，应当用于四千年前治水大手笔的行前誓师或大功告成。禹会祭场是夏禹以涂山为核心的治淮工程中大会“群后”（诸侯），举行誓师、告成、封赏祭仪的场所，同时也作为“禹征三苗”大会“群后”的场所。大禹在怀远涂山成就了“治淮”和“征三苗”两大历史功绩之后，奠定了他在中国早期国家政治历史舞台上的领导地位。[②]

河南省文物考古研究院研究员方燕明认为：

① 《禹会村遗址研究》，《禹会村遗址与淮河流域文明研讨会论文集》，科学出版社2014年版。

② 同上。

安徽省蚌埠市禹会遗址是淮河流域一处非常重要的龙山文化遗址，禹会村遗址的文化内涵，除了文化传播的因素外，也与传说中“禹会诸侯”的事件有关。“禹会诸侯”应该是传说中的大禹治水过程中最为重要、最神圣的事件。所以，探索江淮地区文明起源的进程以及王朝国家的形成过程，禹会村遗址的发掘自然就显示出重要的意义。①

安徽财经大学教授、蚌埠市淮河文化研究会会长曹天生认为：

无论从禹会村村名的由来、涂山山名的史料记载、还是考古发掘成果，以及安徽淮河流域一带流传的与“大禹治水”有关的历史典故和后人为纪念大禹修建并现存的相关建筑来看，它们都表明禹会村遗址可能是与“大禹治水”密切相关的重要治水发生地。②

蚌埠学院淮河文化研究中心副教授朱光耀认为：

禹会考古成果实证了大禹会诸侯的民间传说，溯源了4100年的民族精神，丰富了唯物辩证法的哲学思想，厚重了淮河文化的研究基础，“禹墟”考古发掘，其时间、地点与历史记载及传说的“禹会诸侯”时间和地点相重合，使“禹会诸侯”具备了可信的真实性，恢复了大禹时代的真实历史，

① 《禹会村遗址研究》，《禹会村遗址与淮河流域文明研讨会论文集》，科学出版社2014年版。

② 同上。

再现了大禹会诸侯的辉煌场景，有助于中国古代文明的正本清源。①

上海大学历史系教授宁镇疆认为：

蚌埠市禹会村遗址的发掘，更是为“禹会诸侯于涂山”一事，提供了新的证据。《左传》所记“禹会诸侯于涂山”一事，绝非虚言，它同大禹娶于涂山氏一样，都应当是真实可信的。禹会诸侯于淮河流域的涂山，说明此地很早就已被纳入夏的政治版图，这对我们思考古代国家的国土结构以及淮河流域文明在上古史中的地位，都具有有益的启示。②

中国社会科学院古代文明研究中心副主任、研究员王震中说：

禹会村遗址的发掘，使禹会诸侯于涂山的古史传说得到了落实。有如下理由。

第一，禹会村所在地的涂山地区，位于比较低平的地势。在涂山下有淮河、涡河、天河等水系环绕，当洪水泛滥时，它必然有治水的需求。

第二，蚌埠的涂山是南北交通和南北族群的交汇之地，这对于禹这个族邦联盟盟主选择会盟之地来说，也是合乎情理的。

第三，禹会村遗址的文化特点恰恰是南北文化的交

① 《禹会村遗址研究》，《禹会村遗址与淮河流域文明研讨会论文集》，科学出版社 2014 年版。

② 同上。

汇。其中，既有来自中原文化的因素，如河南龙山文化王油坊类型；也有来自山东龙山文化的因素；还有来自江南许多文化的因素。这种多方面的文化汇集为说明“禹会诸侯于涂山”提供了考古学文化的背景，提供了解决问题的坚实依据。

第四，禹会村遗址的功能也有助于说明这一问题。例如，遗址中35个柱洞一字排开，可以推测这是竖立各个部族图腾旗帜的柱子，它与会盟的情景相吻合。再如，遗址中有大量一次性祭祀用的器物（冥器）和祭祀坑等短暂性的遗迹，而遗址使用的年代有一二百年的历史，如果说短暂性的遗迹可以与举行会盟相联系的话，那么一二百年的遗址使用年代又说明有当地的土著（如涂山氏）的存在。①

在研讨会期间，同时举行了《蚌埠禹会村》考古报告的首发式，与会专家纷纷进行了赞扬。

安徽省文物考古研究所研究员吴卫红，以“一部证旧史、探新知的考古报告”为题，评价了《蚌埠禹会村》考古发掘报告，他说：

2006年社科院考古所开始的禹会村遗址考古工作，为我们了解这一时期的文化提供了一把“证旧史、探新知”的关键钥匙。这项考古工作有三个明显的特点：

第一个特点是目标明确。这项工作是以文献记载为背景，以“苏、鲁、豫、皖”课题为基础，以中华文明探源为契机，力图通过考古学的研究，为考证与大禹治水相关的传说提供

① 《禹会村遗址研究》，《禹会村遗址与淮河流域文明研讨会论文集》，科学出版社2014年版。

一定依据，为中华文明的形成过程提供新的资料。

第二个特点是选址准确。在这个大目标下，如何选择好发掘地点？龙山时代的考古发掘和研究，一直是淮河中游考古工作的弱项。虽然社科院考古所的专家领导对禹会遗址的信息获得很偶然，但慧眼识珠，敏锐地捕捉到了其中蕴含的巨大内涵，并通过大范围的筛选，最终确定了这个重要的发掘对象。

第三个特点是方法正确。运用什么样的方法开展考古研究，直接影响到后期的成果。在传统的钻探、发掘之外，研究人员还大量运用了多种科技手段，几乎进行了全方位的研究，因此获得了更多的微观历史信息。

《蚌埠禹会村》考古报告内容是以祭祀遗迹为核心，这种遗迹在全国尚属首次发现，其重要性自不待言。如何研究好、发表好是一个重要问题。在资料发表方面，有其自身的一系列特点，简单地说就是：资料很翔实、科技很给力、结果很重要。

报告总体上可以分两大部分：

第一章到第七章基本上延续了传统的考古报告发表形式，详细介绍了这项工作的背景和原因，并对材料采取了尽可能充分发表的方式，资料很翔实，便于读者研究。

近年来，在任务多、时间紧的大环境下，国内有一些考古工作显得很粗放，发掘结果的认定不够慎重，引起了相关研究者的质疑。《蚌埠禹会村》报告为强调发掘的科学性，从细节抓起，对发掘的现场和重要迹象选用了不同角度、或者前后对比的照片，比如柱坑和墙基槽清理前、后的照片，方土台底部分层的照片等，让读者知道了发掘结果的认定过程，增加了发掘材料的可信度，看似细小，实则严谨，无疑是一种值得推广的方式。第九章结语中的表五九（一个简单的表）

和图版八二（只有一个黑白版），表达的分别是陶器拼合现象和低温陶修复前、后的对比信息，虽然篇幅不大，但反映了发掘者细致的工作方式，以及在发掘中的前瞻意识。诸如此类的细节，都是可圈可点的。

报告的第八章虽然只有一章，但内涵与前七章相比毫不逊色。这是运用科技手段提取微观信息的一次有益的尝试，对环境、地层土壤、遗迹土壤、木材、存积土样、石器、陶器、微量元素、成分、淀粉粒、测年等材料都进行了详细研究，较全面地附上了各种测试数据，并与遗迹、遗物的特殊现象相互印证，对可能蕴含的重大历史事件提供了更多的证据支撑。

第九章的结语，对全部研究结果进行了整合，同时还对烧祭面、方土台、长方形土坑等特殊迹象进行了详细的论证，提出了禹会村遗址是一处大型而单一的、具有礼仪性建筑的龙山文化遗址，它对考证涂山地望和“禹会诸侯”这一重大事件具有一定的意义。这一重要立论，对探讨中华文明的形成具有重要的参考价值。

报告不仅内容丰富，在形式上，插图、照片也都很精美，是一部值得广为借鉴的好报告。当然，报告中也有一些不足之处，比如与周边同时期文化比较缺乏相应的线图，年代分析还不够深入等。但是瑕不掩瑜，这些丝毫不会降低报告的价值。

总的来说，禹会村遗址的考古工作是一项十分重要的工作，而《蚌埠禹会村》考古报告的出版，使淮河中游龙山时代的文化面貌及禹会村遗址的特殊内涵，首次被充分地展现出来，既有助于证旧史，又有助于探新知，有益于我们加深对淮河中游乃至淮河流域史前文化的认识，极大地促进了对中华文明形成过程的研究。是一部证旧史、探新知的考古报告。①

山东大学教授栾丰实，也以“淮河中游地区文明探源的新进展”为题，对《蚌埠禹会村》考古报告给予了评价，他说：

> 以文献记载的历史事件或史实为线索，有针对性地开展田野考古调查和发掘工作，进而开展特定阶段古代社会和历史的研究，是中国上古史和历史时期考古学的特色之一。在“中国古代文明探源工程”实施过程中，中国社会科学院考古研究所联系“禹会诸侯于涂山，执玉帛者万国”等古史传说的相关记载，选择与其有密切关系的安徽省蚌埠市西郊涂山之南的禹会村龙山文化遗址，在系统钻探的基础上，有针对性地进行了连续5年的大面积发掘，取得了一系列重要成果。蚌埠市禹会村遗址的发掘和研究，是在上述考古工作基础和学术积淀的背景下开展的，其价值和意义主要体现在以下几个方面。
>
> 第一，选择禹会村遗址进行发掘和研究，具有特定的价值和意义。从地理位置上看，禹会村位于传说中“禹会（合）诸侯”的涂山之下，以往的历史地理学者多半考订禹会诸侯之地就在这一带，这从“禹会”的村名就可见历史影像之一斑。在时间坐标方面，大禹所处的时代大体相当于龙山文化的某个阶段，已为不少学者所认可。现在，恰恰从禹会村下发现了一处龙山文化遗址（后来证明其是一处规模很大、等级较高的大型中心遗址）。空间和时间的基本吻合是巧合还是必然，传说和现实之间有无联系，这些问题在未发掘之前就像密雾一样笼罩着学界。

① 《中国文物报》2014年1月3日第4版。

在年代较早的史前时期，能够和传说时期的历史或历史事件进行具体对照的情况并不多，其原因当然主要是由于传说历史往往是虚中有实，真假难辨。禹会村遗址作为一个个案，在把主动的田野考古调查发掘与古史传说记载结合起来研究中国上古史方面，进行了有意义的探索，在一定程度上提供了有益经验。

第二，地面调查和勘探工作表明，禹会村遗址南北长达 2500 米，东西宽度超过 200 米，总面积达 50 余万平方米。这样宏大规模的遗址在龙山文化时期显然属于大遗址的范畴，应是当地龙山文化一处大型中心性聚落遗址，其周边地区必定还会有一定数量的中小型聚落遗址。就已经发掘的范围而言，禹会村遗址的时代较为单一，文化内涵较为单纯，为典型的龙山文化中期偏早至早期偏晚阶段遗存。并且遗址的使用时间不长，前后延续的时间大约在 200 年左右。

第三，禹会村遗址的发掘发现了一系列的特殊遗迹和遗物。其中最重要的是用特殊的白色土堆筑起来的大型建筑遗存。这一座大型建筑遗存的整体形状近似梯形，南北长 108 米，东西宽 13—23. 5 米，目前揭露出来的面积近 2000 平方米。白土面上有长方形的烧土面、方形土台和南北纵向整齐排列的 35 个长方形土坑，每个长方形坑内的一端有圆形柱洞，场景十分壮观。在大型建筑遗存的西侧，相距 1 米左右有一平行分布的长圆形浅坑，南北长度达 35. 7 米，宽 5. 4—7. 3 米。坑内发现大量破碎遗物，仅陶片就有近 18000 件之多，时代与大型白土建筑遗存一致。此外，在大型建筑遗存西侧，还平行分布着一条用白土铺垫的特殊通道，从村南的居住区一直延伸过来，到北端拐弯后与大型建筑相连接。从以上各种特殊的遗迹来看，这座用白土筑成的大型建筑遗存决不是一处普通遗迹，当是某些重要历史活动的载体。发掘者和研究者将其与“禹会诸侯”的历史事件相联系，是有一定根据的。

第四，禹会村遗址的地理位置处于淮河近旁，属于南北、东西文化的交汇地带。禹会村遗址的龙山文化遗存，除了自身文化因素之外，既具有浓厚的海岱龙山文化因素——如石器中的各种镞，陶器中的龙山式鼎、实足鬶和袋足鬶、各种罐、瓮、壶、豆、盆等，也存在较多的来自南方不同文化的因素——其中最明显的是细颈瘦长袋足鬶（盉）等。由于禹会村遗址特殊的地理位置、复杂的文化内涵，对于理解和认识黄河和长江两大流域龙山文化时期各自势力的进退消长，相互之间的文化联系和交流甚至部族迁徙等，均具有较为重要的意义。

第五，在提取传统的田野考古资料的同时，禹会村遗址的发掘和研究工作，紧紧把握住学科的发展趋势，聘请了不同学科的专家学者，从野外工作阶段开始，收集各种有用的资料，从多个角度对禹会村遗址的出土资料进行全方位的检测、分析和研究，获得了丰富的研究古代社会的各种信息，取得了前所未有的成果，极大地加深了我们对禹会村遗址龙山文化时期社会的全面认识。在禹会村遗址的发掘和研究中，自觉引入了多种自然科学技术手段，从而获取到更多的科学资料和信息，为全面研究和复原禹会村龙山时期的社会提供了有力证据。这些工作和研究成果，既是禹会村遗址发掘工作和后续研究基本内容的组成部分，也是《蚌埠禹会村》报告鲜明特色的具体体现。[①]

① 《考古》2014 年第 10 期，第 95 页。

与会专家考察了与大禹文化息息相关的涂山（图2－64），考察了与“禹会诸侯”事件密切相关的禹会村遗址（图2－65），考察了具有复杂文化面貌的禹会村遗址所出土标本（图2－66），并结合文献记载和对涂山地望的考证，得出以下共识：

第一，禹会村遗址的发掘成果，是自汉代以来两千多年考证、研究“禹会诸侯于涂山，执玉帛者万国”之“涂山”地望的最重要的考古学证据，其学术上的说服力是五种“涂山”说中最充分的。禹会村遗址与文献记载的“禹会诸侯”事件密切相关，遗址中所展现的经过精心设计营建，面积达2000平方米的大型、别致的T形坛和以祭祀为主的器物组合，以及不同区域的文化特征，大体再现了当时来自不同区域的氏族部落曾在此为实施某项重要任务而举行过大型聚会和祭祀活动，由此烘托出“禹会诸侯于涂山，执玉帛者万国”这一历史事件发生的真实性。

图2－64　专家考察涂山地望

第二，“中国古代文明探源工程”在淮河流域的实施，给该地区提供了发掘和研究的空间，通过禹会村遗址所展示的考古成果，在学术上确立了淮河流域（尤其是淮河中游地区）是中国古代文明起源的重要地区之一，并对黄淮、江淮地区早期文明的发展产生了重要的影响。

第三，禹会村龙山文化晚期遗存，为研究该地区社会复杂化进程提供了考古学证据，因此，禹会村遗址发现的重要现象，对中国国家形成的探索起到了重要的学术支撑。

第四，希望考古界和各级政府部门加大对禹会村遗址以及周边相关文化遗存的调查、发掘和研究，在保护的基础上予以合理利用，为当地经济社会发展做出贡献。

图2－65　专家考察禹会村遗址

图 2－66　专家考察禹会村遗址标本

禹会村遗址的文化现象，征服了与会的专家们，他们纷纷挥毫泼墨。

北京大学资深教授严文明题字：“禹会考古成果辉煌 礼制建筑文明之光。”（图 2－67）北京大学考古文博学院教授李伯谦题字：“‘禹会诸侯于涂山，执玉帛者万国’，不仅见于文献记载，而且通过考古发掘禹会之地就在眼前，成为一项重大考古

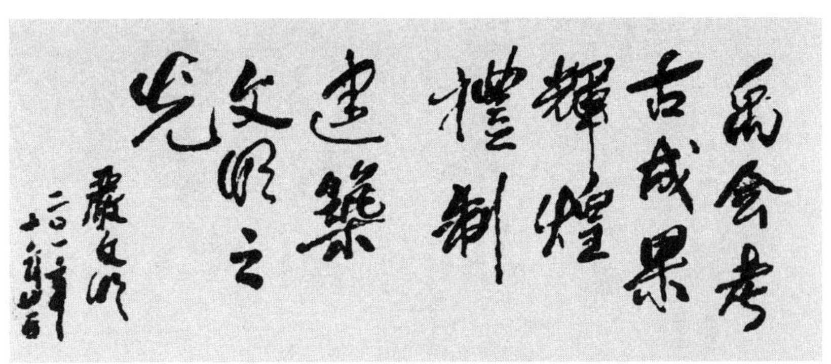

图 2－67　严文明题字

发现，大禹伟业世代流传，考古工作者的功劳亦应永载史册。”（图 2－68）时任中国社会科学院考古研究所所长、中国古代文明研究中心主任王巍题字：“禹会涂山，史存疑团，科学发掘，一锤定音。”（图 2－69）时任中国社会科学院历史研究所副所长、古代文明研究中心副主任王震中题字：“禹合诸侯于涂山，因禹会村

图 2－68　李伯谦题字

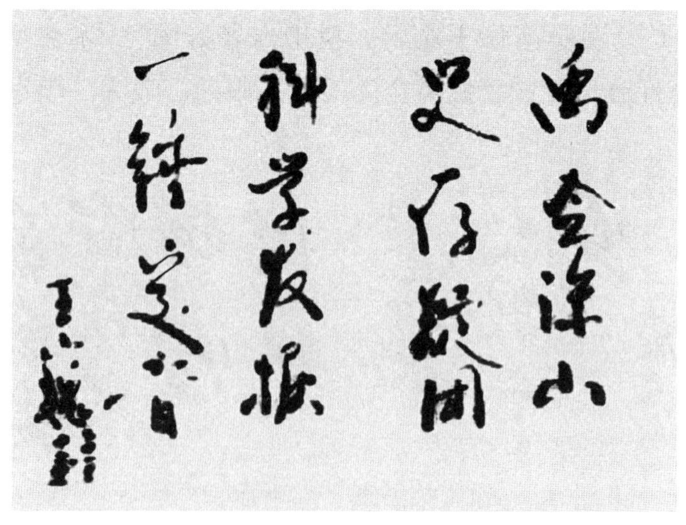

图 2－69　王巍题字

的发掘而得到落实。”（图 2－70）河北师范大学历史文化学院教授沈长云题字：“夏王朝从这里走来，为禹会遗址而题。”（图 2－71）西南科技大学教授、中国先秦史学会理事李德书题字：“四千年前禹会村华夏主国由此兴。题禹会村遗址。”（图 2－72）

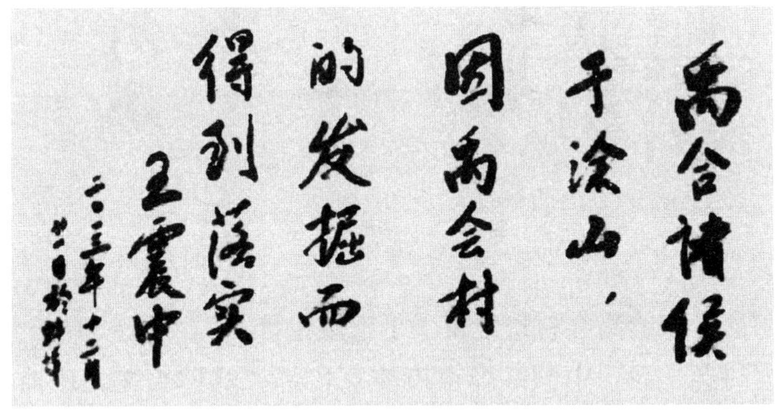

图 2－70　王震中题字

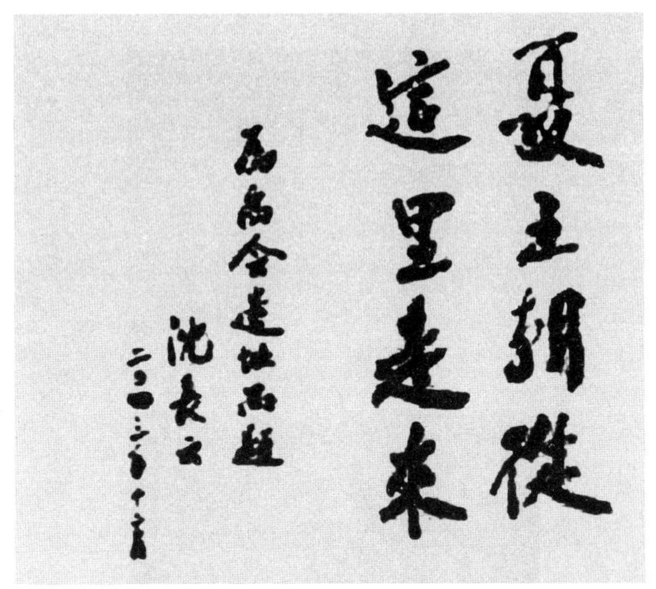

图 2－71　沈长云题字

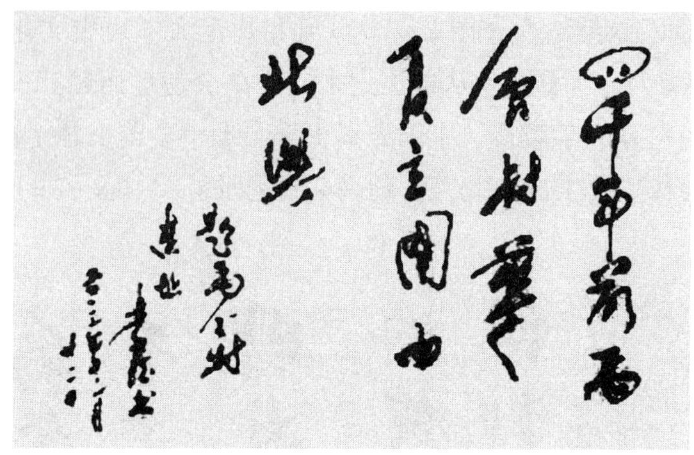

图 2－72　李德书题字

与会专家给禹会村遗址留下了权威论证。

研讨会之后，中共蚌埠市市委宣传部，蚌埠市文化广播电视新闻出版局、中共蚌埠市市委对外宣传办公室及时编辑出版了《蚌埠——禹会诸侯之地》一书（图 2－73）。

图 2－73　新闻集

蚌埠市涂山大禹文化研究会秘书长苏纲先生为此写下了禹会村之歌：

禹会开天地，淮河探启明。
高贤纷毕至，盛会亮珠城。
厚重权威语，甘甜大众声。
留名千古秀，题字万年红。
媒体佳音涌，专家立论精。
新书鸣四海，史册照云峰。
禹会何家是？千年素有争。
典籍言凿凿，实地证空空。
社科源头探，中华子目兴。
王公担大任，益友尽心同。
六载发掘进，连番苦战攻。
禹村遗址现，考古业绩丰。
大禹人真有，诸侯会结盟。
禹王元首位，信史化传称。
场面恢弘壮，执帛万国鸣。
专家达共识，成果响苍穹！
禹会诸侯地，涂山在正中。
涂山归蚌埠，此论最清通。
夏禹王朝立，中华古国雄。
方家词妙绝，玩味益无穷。
立论尤高远，风格有异同。
辉煌成果在，考古建奇功。
礼制开天筑，文明旭日东。
玉帛盟会处，文献早澄清。
当下科学考，涂山独具名。

恢弘新建树，大禹世传承。
考古功劳巨，悠悠史册铭。
涂山禹会地，史有异说生。
科技发掘好，佳音一棒听。
涂山之会定，探秘一鹏程。
万代精神继，长风挂满篷。
四千年已过，禹会小村荣。
由此兴华夏，今朝展大鹏。
涂山得禹会，历代有其名。
村落发掘毕，谜团匿影踪。
市魂尤亮眼，句句响铮铮。
百姓欣行践，贤人涌茂松。
禹风德厚远，沙孕宝珠成。
务实云开放，争先创业隆。
良机今又莅，特色焕新容。
大禹传恒久，声名定飞升。
先贤留宝藏，后辈自谦恭。
善事精心奉，无穷释正能。
雄风重振起，文化看峥嵘。
重返一方阵，深怀大禹灵。

无论民间传说多么神奇玄妙、文学描述多么细腻逼真，禹会村遗址由传说变为信史，得到了考古学材料的支撑，得到了学术界的认可。禹会村遗址的考古工作，让大禹的传说有了最接地气的证据，有了地气，才有底气。这为我们探索曾经发生的历史事件提供了重要且真实的内容。

时代的吻合、地域的吻合、文献记载的吻合、遗迹现象和遗物特征的吻合、自然科学的测试和论证，都为我们考证遗址的性质提供了有力证据。这些现象和“禹会诸侯”事件的发生，证实了淮河流域是中华文明的起源地之一，同时，对探索中国古代国家的起源具有重要意义。这处关键时期的关键遗址，其发掘和研究，是揭开淮河中游地区文明发展的一把钥匙。

都说“蚌埠是火车拉出来的城市”，那是 1911 年津浦铁路的贯通，给这座城市带来了无限的发展机遇。其实，蚌埠市有着悠久的历史，是淮河文化起源、发展的重要地区。而这些与大禹文化相关的地下遗迹，给这座城市增添了新的令人骄傲的历史和文化内涵。

第三篇
考古历险记

难忘的高原之行，惊险的考古之路，本部分看似一篇日记，但却有读者体会不到的感受，让我们一起分享其中的苦与乐！

一　意外惊喜

1991 年的 8 月，北京是格外的热，白天走在马路上，赤脚都不敢沾地。晚上在室内，如果没有空调，也感觉是处在“桑拿”的环境中。我多么想去个凉快的地方避避暑啊！

说来也巧，正当我在琢磨这事时，突然接到一个邀请，要我去青海省的玉树藏族自治州参加一个庆祝活动。谁都知道，玉树藏族自治州是在青藏高原的深处，属于雪域高原，肯定比北京凉快，虽然只有三、四天的时间，也好，凉快一天是一天。我计划来回最多一个星期，也许回北京时就没有那么热了。

我简单地准备了一下，便从北京直飞西宁（当时还没有到玉树藏族自治州的直达航线），在西宁市没作停留，又坐上了长途汽车。出了西宁市，才真正感到走进了广阔的高原。建筑物越来越少，草原越来越大，人烟越来越稀。车上坐满了乘客，百分之九十都是身穿大红袍的藏民，第一次和藏族同胞零距离接触，我坐在他们之中，自己都觉得奇怪；看看他们的脸，我心里在想：“我怎么比他们白这么多啊。”

车不快不慢的行驶了一天。

傍晚时分，夕阳西下，车到达了果洛藏族自治州，要住一晚。

二　藏区印象

果洛藏族自治州位于青海省的东南部，地处青藏高原腹地，古时又称“俄洛”“郭罗克”，是一个面积大、人口少、草原广、资源富的藏族自治州。境内平均海拔 5900 米以上，群山耸立，巍峨磅礴。

果洛藏族自治州的气候，具有显著的高寒缺氧、气温低、光辐射强、昼夜温差大等高原大陆性气候特点。

虽然是一个州的所在地，但它本身的面积并不大，没有太高的建筑，就像在空旷的草原上突然出现了一个有人烟的地方。神奇、美丽、富饶的果洛藏族自治州风光幽美奇异，有插入云天的陡峭雪峰、有遮天盖地的原始森林、有蜿蜒流淌的溪水源头、有宛如明镜的海子湖泊、有广袤千里的金色草原、有数以万计的牛羊骏马，还有神秘的藏传佛教。境内山脉连绵，沟谷交错，河流纵横。黄河的源头自西北向东南流经境中。

我当时入驻的旅馆，海拔约有 4 千米。我下车后，倒没有明显的高原反应，只是感到凉飕飕的。在此之前，曾经听人说，在高原上千万不能感冒，否则会有麻烦。我赶紧加件衣服。天还没有黑，我把行李往房间里一扔，提着相机就往外跑。

当我第一次看到牦牛时，却有些新鲜，在内地哪见过这玩意儿，听说这家伙力大无比，在草原上和马一样，是主要的运输工具。看它的样子好凶，用防备的目光看着我，我想，你不是第一次看到我这种模样的人吧，我不敢和它套近乎，只能离它远点（图 3 –1）。

天色越晚气候就越冷，一阵风吹过来还是会让人打个冷战。街上，除了在此停留的少数游客，显得格外清静。不多久，头开始有了感觉，疼、晕、还有些恶心，我第一次感受到了高原反应的滋味。我打起精神要了份自己想吃的菜，但端到我面前的时候，却一点食欲也没有。

路上没有路灯，行人越来越少，远处黑漆漆的，不敢多转悠，我便从外边回到房间。房间内虽然有炉子却还是冰凉的，正琢磨着在这么冷的房间里怎么睡，便看到服务员往每个房间送一筐干牛粪，这可是在内地宾馆或旅馆难得见到的一景啊。我觉得好奇怪。干牛粪是炉子里的燃料？这还不熏死人啊！嗨，点着后没有

图 3－1　第一次见到的牦牛

烟，就像木炭一样，冒着蓝蓝的火苗，顿时，房间内暖和了许多。我好奇地问服务员："烧牛粪怎么没有味道？"服务员没有笑话我的无知，耐心地告诉我："这里的牛和内地的牛不一样，它们吃的是纯净的草，所以，干牛粪就像木炭一样，不脏，也没有污染。"这真是应了那句话："牛吃的是草，挤的是奶，还要加一句，拉的是'木炭'"。

三　翻山越岭

第二天一早，长途汽车又出发了。今天的路途比昨天的差很多，汽车不停地在盘山的道路上行驶，接着，就到了青海省中、南部。汽车缓缓爬上巴颜喀喇山（这应该是当地海拔最高的山峰），通过车窗看两边，虽然远处有连绵起伏的山脉，但更多的是辽阔的草原，并有牛群、羊群点缀其间。

“巴颜喀喇”是蒙古语，意为“富饶的青色的山”；藏语叫“职权玛尼木占木松”，即“祖山”的意思。该山雄伟连绵，气势恢弘。它是庞大的昆仑山脉南支的一部分，为西北—东南走向，向西为可可西里山脉，向东与四川的岷山、邛崃山相望。

巴颜喀喇山脉是青海省境内长江与黄河的分水岭，主峰位于玛多县西南、巴颜喀喇山口西北，藏语名为“勒那冬日”，海拔5266米。黄河发源于山脉西段海拔5202米的雅拉达泽山以东的约古宗列盆地。山地海拔多在5000米左右。

穿越在海拔5000米的巴颜喀喇山之上，自己倒有一种奇怪的感觉，在这样的海拔高度中怎么没有头疼、头晕的感觉？后来才知道，汽车的晃动、颠簸，会对高原的不适有缓冲的作用。

看看车内的其他乘客，多是低头打盹，也有的在聊天，我是一点困意也没有，更没有聊天的对象，只能目不转睛的眺望窗外。一望无际的草原、连绵起伏的山岭、挂在山腰间的白云、来回穿梭的野生动物，这些如诗如画的景色让你都不忍心去眨眼。也许是窗外景色的缘故吧，车内的两位藏族女乘客哼起了美妙的藏族歌曲，歌声悠扬，回味无穷。

四　到达玉树

下午3时左右，我达到了目的地。对多数人来说，当时的玉树藏族自治州，是很陌生的。它位于青海省西南部，平均海拔在4200米以上，是青藏高原腹地的三江（长江、黄河、澜沧江）发源地，玉树藏族自治州又称“结古镇”，有四通八达之意，在藏语里还可译为“遗址”。

在玉树藏族自治州26万平方公里的土地上，保存有十分丰富的文物古迹，并且还流传着许多美好的传说：唐蕃古道上的文成公主庙、猪八戒招亲的高老庄、通天河畔的唐僧晒经台、内地罕见的藏经楼等等，都能给人留下无限的遐想。另外，玉树藏族自治州境内还保存着众多的地上文物古迹——寺庙，散发着浓郁的宗教文化气息，吸引着众多的游人香客。

勤劳智慧的藏族同胞，热情好客，能歌善舞，创造了古朴、豪放的民族传统文化。每逢重大节日，人们都会在州府举行盛大的赛马会和大型的民间歌舞会。众英雄扬鞭催马，奋勇争先，观者激情高昂。

城镇不大，虽然也有内地式的建筑，但几乎全被藏式建筑夺走了目光。再看看街上行人的服饰和肤色，一眼便知谁是藏族人。

大红袍是藏传佛教的一种宗教服饰，宽松、肥大，满街的藏族同胞几乎都是身穿拖地式的大红袍，手拿转经筒的喇嘛们也比比皆是。

天是那样的蓝，云是那样的白，空气是那样的清澈。但头疼、头晕不客气的又来了，我蹲在地上真的不想动弹，脑袋一动，就有一种脑浆与脑壳分家的感觉。

五　感受玉树

接待我的是玉树藏族自治州宗教局局长嘎子阿龙。他身体壮得像头牦牛，黑黝黝的脸颊，还有些黑里泛红。他穿着藏袍，头戴礼帽，看上去特别的剽悍（图3－2）。

嘎子阿龙局长非常热情，能用简单的汉话交流，安排我住在一个完全藏式的宾馆里。

第一顿饭是在嘎子阿龙局长的家里。他家完全是一处藏式建筑，连家具也是藏式的，墙上挂满了一串串的牛羊肉，是风干肉。当时，我还傻啦吧唧的在想："这样挂在外边，有苍蝇什么的，还不脏啊。"马上我就又明白了，这里的气温低，没有苍蝇，空气也没有污染，所以，风干肉是干净的。

图 3－2 嘎子阿龙局长

晚饭的主要菜品就是风干肉。女主人非常客气，弯腰端进食品，放在桌上，又弯腰退回。后来我才知道，这是招待尊贵客人的礼仪。

餐桌上，主人给我一把藏刀、一块风干肉，还教我怎样吃。我仿照他的动作，把肉割下一小块放到嘴里，天哪，一是难嚼，二是没有味道。幸亏还有别的菜。晚饭接近尾声，主人问我吃好了没有，我说："非常好。"其实我真没有吃饱。

宾馆的房间在二楼，从一楼爬到二楼中间要歇一次，每次要站在原地呼哧呼哧地喘上几分钟。高原，对我们来说，完全不能有一点点运动量。

晚上，那叫一个冷，也许是对客人的优待吧，服务员送来酸奶，一喝，冰的牙根都疼。洗洗手，好像能冰到骨头里。无奈，我借了件藏袍，加上自己带的毛衣，还有一件雨衣，勉强度过了这个高原夜晚。

六　州庆活动前的收获

1991 年，是玉树藏族自治州成立 40 周年，在举行州庆活动前，当地政府特意安排我参加了几项非常有意义的活动。

1. 别开生面的郊外野游

在庆祝活动开始前的空闲时间里，嘎子阿龙局长就带我到郊外的草原参加了一次野游。参加的人员有当地宗教局的职工、剧团的演员、寺庙的活佛和喇嘛等 20 多人。他们带有风干肉、干果、冰糖、饮料、啤酒和烤全羊，一早就开车出发，走到一处非常漂亮的草原上，大家卸货的卸货，支锅的支锅。开始，嘎子阿龙局长讲了一段话（图 3 - 3），我是一个字也没有听懂，然后，大家围坐在一起，边吃、吃喝、边唱、边舞，藏族真的是一个能歌善舞的民族，他们唱得、跳得，那叫一个好。最后，嘎子阿龙局长还让我讲两句。我倒不犯憷，忽悠两句呗，反正没有几个能听懂的。我说，如此好的歌舞，完全可以打进北京的舞台。后来才听说，人家早在北京演出过了。“我啊，真是孤陋寡闻。”

我带着激动又好奇的心情，第一次穿上藏袍，戴上礼帽，过了一把藏族服装瘾。可怎么看怎么不“正宗”呢（图 3 - 4）。

图3－3　嘎子阿龙局长讲话

图3－4　笔者第一次穿上藏袍

但那藏袍却是很不一般啊，袖口及衣边全是水獭皮包衬，十分名贵、上档次。当时就听说，仅一圈水獭皮就值几千块钱呢。

2. 走近天葬场

下午，更是让我大开眼界，见识了不容易见到的场面——去了天葬场（好像是巴塘天葬台）。葬俗，对我们来说，最了解的应该是土葬，另外还有火葬、洞葬、水葬等等。以前就听说过藏族有一种天葬，可就是不知道怎么个方法。

天葬场距县城有一段距离，坐落在一个徐缓开阔的绿色山坡上。该地地势较为平坦，背后是大山，对面是峻岭；绿草铺地，蓝天盖顶，居高临下，风景绝佳。尤其是加上藏式建筑在青山绿草中的点缀，真可算得上是一处风水宝地。据说它具备了佛经中所描写的那种“地有八瓣莲花相，天有宝幢九顶相”的瑞祥，可起到调整风水、驱凶纳吉的作用。所以，自创建至今的900多年以来，它一直是昌盛不绝。

天葬场里的建筑极具藏式风格（图3－5），远远望去，还不时冒着青烟。顺着长满青草的山坡向上步行200米，便是天葬台所在地。在天葬场内，有的地方是草掩膝盖，有的地方是遍地衣衫，中间有一些白生生的碎骨片和散乱的绳索，还有长达50厘米的秃鹫羽毛。

天葬，是藏族同胞特有的葬丧习俗。简单地说，藏族同胞在去世后，由僧侣们诵经超度亡灵，把尸体拿到指定的地点让秃鹫把遗体一点点吃掉，这样就可以把灵魂带上蓝天，人的灵魂可以升到天堂或平安转世。跟土葬、水葬、火葬一样，这是一种信仰，其本质上是一种社会文化现象。

这种葬式的细节十分复杂。

先要请活佛在死者身旁念三天三夜的经，算是死者的灵魂升天了。然后由亡者亲属背尸，中途不能落地，不然阴魂就会折返

图 3－5　天葬场

或在落地的地方游荡，影响转生，还要把一个红陶罐在路上摔破，表示放死者的灵魂升天。

在天葬台，一边是活佛继续念经，点燃香纸，进行个简单的仪式；另一边是天葬师磨刀霍霍，打开包裹，摊开尸体，由天葬师用刀把死者的肉割开，骨肉剥离，切成碎块。秃鹫看到青烟便铺天盖地飞来，先在头顶上盘旋。秃鹫的身体很大，伸展开翅膀，足有两米长。

这时，天葬师把尸体割的差不多了，秃鹫也陆续地落了地，它们根本就不怕人（图 3－6），急匆匆地奔向尸块，争先恐后，你争我夺，狼吞虎咽地撕扯和吞食着肉和内脏。按照当地的习俗，把尸体吃得越干净越好，能把骨头也吃干净算是最完美的，如果尸体被秃鹫吃得一干二净，就视为吉祥，表明死者生前勤于诵经拜佛，多有行善积德，灵魂已经升天；反之说明死者生前犯有大罪孽，灵魂难以升天转世，家人就特别痛苦和不安，接着还要念

图3－6　天葬场的秃鹫

经做法，为死者超度赎罪。

有时候，如果秃鹫少，就把肉先盖起，把骨头砸碎掺上青稞粉或糌粑，让秃鹫吃，完了再给肉。最后，家里的亲人（可能主要是长子吧），抱着骷髅头，在头后面人字缝的位置象征性的吸吮两下（可能是以此表示孝道吧），然后再把人头放到施尸台的石窝里砸碎，用糌粑和脑浆把碎骨拌成团喂秃鹫。秃鹫把肉和骨头全部吃完才高高飞走，天葬仪式即告结束。

据文献记载，天葬起源于古波斯国，随着宗教而传播，传到西藏就慢慢的被藏族同胞作为自己的葬礼形式。用来天葬的秃鹫被藏族同胞看作是神鸟，它除了被人为的杀死外，一般是找不到它的尸体的，据说它们能预感到自己的死亡时期，然后就飞到无人可及的高山岩石上死去，而且它们在排泄的时候都要飞到高高的岩石上，所以藏族同胞就认为他们的尸体如果被秃鹫吃掉，就会随着排泄物被置于无人可及的地方，因此就离上天更近了。

藏族同胞把生命视为短暂，相信灵魂转世、生命轮回；把身体视为灵性附载的客体，把残存的躯体比作毫无意义的臭皮囊；把死后升天看作今生最大的愿望，于是选择了天葬台这个通向天堂的理想途径。

在神峰环绕、水流莹澈的山谷，几块近乎平整的岩石悄无声息地暴露在了距离寺院不远的山坡上，一大群翱翔的秃鹫默默盘旋着守护在那里，加上那些塞在岩缝里的牙齿、发迹以及漫山遍野散落的骨片，构成了天葬台的全部。这一切，似乎并非意味着一个生命的终结，好像一切才刚刚开始。生命原本就那么单纯和透明。

天葬，对于其他民族来说，也许是难以接受的；但对藏族同胞来说，却是他们的最大愿望。这片灵魂的净土，是物质和灵性的终极超越。

天葬与火葬、水葬、土葬没有什么区别，不同宗教的不同风俗，没有什么好坏之分。我们在感慨藏族同胞葬礼的同时，对方也同样惊讶我们的火葬之残酷、水葬之污染、土葬之浪费。以理解的心态看天葬，不是更环保、更天然吗？

3. 拜访文成公主庙

离开天葬场，嘎子阿龙局长又带我去了不远处的文成公主庙（图3－7）。

文成公主庙，别名“沙加公主庙”，位于玉树藏族自治州结古镇东南25公里的贝纳沟，这是一条大峡谷，两边的山脉耸立在青藏高原的蓝天下，山上松柏挺立，山下小河蜿蜒。藏式建筑的文成公主庙紧贴百丈悬崖，风景幽静，金光闪闪的屋顶光芒四射。庙四周所有的悬崖和面积较大的石头上都刻着数不清的藏经。包括院落在内，它的面积有600多平方米。庙中央的文成公主坐像，端坐在狮子莲花座上，身高8米。坐像两旁有8尊石刻佛立像，分立在上下两层，每尊佛像高有3米，精雕细刻，形象生动。该

图 3－7　文成公主庙

庙是一座既有唐代艺术风格又有藏式平顶建筑特点的古代建筑。

1300 多年来，这里一年四季香火不断，酥油灯昼夜长明，前来朝拜的藏汉群众也络绎不绝。

进庙之后，喇嘛对每位来客都彬彬有礼，双手合十，鞠躬相待，把圣水倒在来客手心。开始，我还不知所措，认为是让我洗洗手呢，看别人把圣水喝了，我也照着他们的样子，然后再来句“扎西德勒”。

七　州庆活动现场

1991 年，玉树藏族自治州建州 40 周年，当地有关部门在郊外的草原举行了庆祝活动，全州包括边远牧区的藏族同胞都来到这片广阔的草原上，他们安营扎寨，数千顶帐篷构成了一个庞大的帐篷群。我费了很大的力气爬到了一个不太高的山坡上（因为海拔高，不敢快走），用相机记录下这难得一见的景色（图 3－8）。

图 3－8　帐篷群的宏大场面

8 月的草原，如诗如画，我真正看到了那湛蓝色的天空和绿地毯似的草地，白云在头顶上浮动，好像抬手就能抓到。空气是那样的清新，总想情不自禁的嚎上一嗓子。

藏族同胞的那些蘑菇般的帐篷，点缀于蓝天之下，镶嵌在草原之中，显得格外醒目。从周围山顶上俯视，景色如诗如画，令人陶醉（图 3－9）。

参会的藏族同胞绝大多数身着红色的民族服饰（图 3－10），显得粗犷、豪放，特别是现代藏服和古代藏服相结合，表现出了神秘的意境。丰富多彩的藏族舞蹈，表达了藏族同胞对光明正义和美好生活的热烈追求，寓质朴于浑厚之中，寓清新于自然之内，并闪烁着理想的光辉。这种非常大气的藏舞（图3－11、图 3－12、图 3－13），是藏族同胞最常见的舞蹈形式，一般人在内地的舞台上是难以看到的。再说，也没有那么大的舞台能容纳下这么多的演员啊。

图3－9 如诗如画的景色

图3－10 会场上藏族同胞大多身着红色民族服饰

图 3－11　藏舞之一

图 3－12　藏舞之二

图 3－13　藏舞之三

庆祝会期间，来自北京市、青海省、西宁市和全国其他地方的嘉宾很多，来自北京的贵宾都被安排在主席台上，居高临下，观赏着庆祝活动的宏大场面，心情不激动才怪呢。活动期间，我也偶尔开开小差，跑到帐篷群中去欣赏（图 3－14）。

图 3－14　笔者在帐篷群中

帐篷的排列并不整齐划一，而是根据地势随意搭建，整体布局上显得有些凌乱。每个帐篷内都摆有风干肉、冰糖、干果等小食品，你可以随便进去享用（只许吃不许拿呦），主人看见了，也只是向你点头微笑。后来我才明白，我的胸前佩戴的是表示贵宾的红色代表证（图 3 – 15），即使主人看见也不过问，而是还向你微笑，以此表示热情欢迎。

图 3 – 15　笔者佩戴的红色代表证

好客的藏族同胞，最擅长用风干肉或手抓肉来招待客人。主人先给我一块风干肉，配上一把藏刀，好家伙，如果牙口不好，你还真嚼不动，而且要是你的胃口不好，你还真没有那口福，因为那是风干的生肉啊。我拿起一块放在嘴里，确实是难以咀嚼。主人好像是看出来了，就让我改吃被煮过的手抓肉。一口大锅用三块石头支在草地上，锅旁边放着一堆干牛粪，女主人不停地往锅里放牛肉，又不停地拿牛粪往锅底送，我还没有看见水开，主人就拍拍手从锅里拿出一块肉，用生硬的普通话说："请吃吧。"别人吃得好有味道，我是硬着头皮吃。主人还问我好不好吃，我不好意思的点点头。嗨，咱实在是享受不了这种环境下的美食啊。

活动现场，人头攒动。会场那边，歌声、欢呼声此起彼伏，帐篷之间也是炊烟四起。我问主人："哪里能方便方便？"主人一听就明白，问："是大活动还是小活动?"，我说："是小活动。"主人手一指："你看看那个。"只见身穿大红袍的女性，原地一蹲，解决了。我转悠了好大一会，也找不到一个合适的地点，如果跑到会场外边，确实是太吃力了，实在憋不住了，嗨，入乡随俗吧。事后我感觉到，在这样的场合中，对我们来说，最大的不方便就数"方便"了。

胸佩红色代表证的被叫做贵宾，贵宾还有一个特殊的礼遇，就是可以随便搭车，无论是在会场、在城里还是在中途，只要你一挥手，汽车必定会停，捎你一段路程。嘿，红色代表证就像一个特别通行证啊，这是主办方对远道而来的客人的一种款待。

八　考察达纳寺

庆祝活动过后，藏族同胞想让我去考察200公里以外的古代遗迹——达纳寺，那里是格萨尔王手下30位大将的灵塔群。

格萨尔王，对我好陌生啊，虽说我干了很多年的考古，可从来没有接触过这个话题。我急匆匆的读了本有关格萨尔王的书，才大致有了个了解。

格萨尔王，在藏族同胞的传说里是莲花生大师的化身，一生扬善抑恶，弘扬佛法，降妖伏魔，除暴安良，是藏族同胞引以为自豪的旷世英雄。格萨尔王生于公元1038年，殁于公元1119年。他还南征北战，统一了大小150多个部落，岭国领土始归一统。

早在10至11世纪，在有雪域之称的西藏高原、风光绮丽的青海湖边、巍峨的日月山下、丝绸古道的陇原大地、天府之国的四川盆地、美丽的孔雀之乡云南等地，格萨尔王的光辉业绩广泛流传。

据说，在很早以前，岭国有一个穷孩子，叫觉如，这个孩子在奇异境界里诞生和长大成人。在岭国英雄赛马争夺王位时，他力战群雄，得胜称王，尊号为格萨尔，藏语称“甲吾格萨尔纳特”或“格萨尔阿种”。格萨尔王的一生，充满着与邪恶势力斗争的惊涛骇浪，为了铲除人间的祸患和弱肉强食的不合理现象，他受命降临凡界，镇伏了食人的妖魔，驱逐了掳掠百姓的侵略者，并和他的叔父晁同——叛国投敌的奸贼——展开毫不妥协的斗争，赢得了部落的自由、和平与幸福。

对格萨尔王有了初步的了解后，我心里稍微有了点底，再说，200 公里的距离，听说还能开车去，应该很快就能完成对方所期待的考察，所以，我就没有和北京的家人通话（那时候，也没有手机，打长途也是转来转去的，很麻烦）。

出发的前一天，嘎子阿龙局长突然问我穿多大码的鞋，我就以为是随便问问，嗨，第二天就给我买来一双胶皮底的球鞋，说是穿皮鞋不方便，最好穿球鞋。他们的细心真的让我好感动。

玉树藏族自治州宗教局给我准备了一辆吉普车，安排了一名会说汉话的藏族朋友当翻译。临行前，嘎子阿龙局长用藏语给他们作了一番详细的安排，叽里咕噜地说了半天，我就感到自己的耳朵白长了，后来翻译告诉我，是说途中要照顾好从北京来的尊贵客人，做到万无一失。

九　途中趣事

该上车了，安排我坐在副驾驶。谁知道，后面本来能坐三个人的座位，却挤进了五个人。原来，从达纳寺来参加庆祝会的活佛和喇嘛们要作为陪同搭车回去，挤在后座真是委屈了他们（还有一部分人只能骑马返程了）。

司机是个年轻的藏族小伙，车开得很好，人长得既帅又幽默，也是和其他的藏族同胞一样，脸被晒得好黑。

我们第一站便到了位于青海省最南端也是玉树藏族自治州东南部与昌都地区接壤的囊谦县，这也是一个全是藏族同胞的区域。我们到达后便和所属辖区的宗教部门联系，并由囊谦县宗教局局长（名字记不住了）陪同，前往所要考察的寺庙。尽管在囊谦县作了短暂的停留，我还是想到大街上看看纯藏区县城的风光，但是在海拔4000多米的地方，走路都不敢放快脚步，要不就光显着嗓子眼细了。但是，当我看到藏族小伙子们在打篮球时，心中不由得在想："天哪，他们怎么能喘得过来气啊。"

在囊谦县的第一顿饭也是被邀请到了这位局长家中，主人完全是以藏族同胞的礼节接待了我，女主人端菜、送饭，弯着几乎有90度的腰，头也不抬的送上又退下，我看到她的藏袍都在拖着地呢，当时，我真的很感动，他们说，只有对尊贵的客人才这样，这时，我又想起了在嘎子阿龙局长家吃饭的情景。

第二天一早，吉普车加满了油，听说还从当地武装部准备了手枪和子弹（没想到，他们还备有这玩意儿）。今天的路可就没有那么好走喽，有点翻山越岭的感觉。平路时车开得不快不慢，但每当走在崖前时，司机却加大油门，后来我才知道，怕崖上坠落石头——这是经验啊。时至中午，我们到了属于囊谦县的吉曲乡。这里地势开阔，纯属草原牧区，远远望去，牛羊遍地，河流密布，重峦叠嶂，再加上蓝天白云，怎么去形容这美景都不过分。

停车的地点有几间房子，在这样空旷的草原上出现房子，真的有点像海市蜃楼，听说这是一处学校，我很好奇，想看看藏区的孩子们是怎样上学的。教室还算明亮，室内却是相当简陋，墙上挂着一块极不规则的黑板，但没有课桌，孩子们的衣着各不相同，在教室席地而坐，很认真，自己的腿就是学习的课桌。据说，这些孩子们都是从草原上四面八方到这里来学习的，别看他们小小的年纪，可个个都有骑马的本领，他们从自己所在的牧区带上能吃一个星期的青稞面、风干肉什么的，在马背上要走两天才能到达这所学校。看看他们吃的、穿的和学习的环境，我真是思绪万千，不由得想到我们孩子的学习环境——他们再学不好，真的说不过去啊——可这些藏族孩子们个个都表现的非常快乐（图3－16）。

图3－16　藏区的学生们

与此同时，我还了解到了藏区的一点风土人情。藏族同胞中的女性在婚前和婚后的服饰区别很大。结婚后，头上的饰物足有几斤重，主要是绿松石和其他玉石等装饰物（图3－17），同时，还要特别注重佩戴的方式。这也不由得让我发出感慨："藏族同胞中的女性不容易啊。"她们平时倒是没有什么活干，可就是手里拿着转经筒天天不停的摇，也是很繁琐的事（图3－18、图3－19）。

图 3 - 17　婚后藏族同胞女性的头饰

图 3 - 18　藏族同胞女性

图 3－19　手拿转经筒的藏族女性

这里距目的地达纳寺还有些距离，才是中午时分，为什么不继续前进？陪同我的囊谦县的宗教局长和活佛、喇嘛们忙活什么去啦？后来才知道，往前无法开车了，必须要骑马，他们去租马了？这时，我便想起了在玉树藏族自治州时嘎子阿龙局长给我买的胶鞋。

在等待的过程中，司机和翻译要带我去钓鱼，嘿，我有些期待，因为在我的记忆中还真没有钓过鱼，很想感受一下钓鱼的乐趣。平时所看到的钓鱼，都有长长的鱼竿，水面上还漂着个鱼漂，钓鱼者在岸边或池塘边坐等，真是一项能耐得住寂寞的活动啊。平时在北京，我可不去钓鱼，不光是没有闲工夫，主要咱没有那个耐心。而在这里心情就不一样了。

在高原上钓鱼好奇怪，没有鱼竿，他们准备了一根比筷子细的铁丝，一段像手指头粗的麻绳，拿了足足有二斤牛肉。天哪，这就是钓鱼的工具？

坐上吉普车，带上准备好的工具，司机哼着小曲儿，手一挥：开路。哪有路啊，车行使在颠簸起伏的沼泽地上，你要是扶不住，还真能把你摔下来。车停在一条水流湍急的河边，我一看有些傻眼了，这样的水流，人站在里面都很难站稳，里面会有鱼？他们用这样的工具怎么钓鱼？

铁丝弯了个钩，拴在麻绳上，挂上一块肉，再拴块石头便扔到河里。没想到，真的应了那句话，“愿者上钩”，刚刚扔到水里，眨眼的工夫就开始往上拉绳子。天哪，一条足有两斤重的鱼被钩住了嘴，甩着尾巴被拽了上来。这种鱼当地叫“华鱼”（译音），厚厚的嘴唇，没有鱼鳞，据说是高原的水里才有。我按捺不住激动的心情想感受一把，同样按照他们的样子把鱼钩扔到水里，我点上一根烟慢慢等待，烟刚刚放到嘴上，就感觉绳子有了情况，急忙往上拽，嘿，又一条“华鱼”就擒了，我激动地跳了起来，那种心情，如果不是当事者是难以体会到的。正像他们评价我的：“像个得了大奖的孩子。”

藏民同胞不吃鱼，更不对鱼动刀，无奈，我改行了，他们钓，我来用水果刀挨个收拾，大约一个小时，地下摆了一堆，我用麻绳穿起来，提着有些吃力。

晚饭，大家一起喝酒，我还和能说几句汉话的藏民朋友玩起了绕口令。“红凤凰飞，蓝凤凰飞，红凤凰飞完蓝凤凰飞。”就这样反复着，谁“飞”不好谁喝酒。和他们玩绕口令，你可以想到是什么结果吧。

第二天，租马的事还没有谈妥，司机于是要带我去游玩，可我还对昨天的钓鱼意犹未尽。藏民同胞真好，无条件的依了我，重复了昨天的欢乐。

十 第一次骑马

后来，马租好了（当时好像是每匹马每天20块钱），由于路途较远，又要翻山越岭过沼泽，必须每人一匹马。我开始害怕了，从来没有骑过马，而且还要走好几天，中途哪黑哪住，我能在马背上呆住吗？心里还真发怵。

到了这份上，不会骑也得骑呀。我不好意思地向他们提出了要求，希望找匹最老实的马骑。人家骑马都是骑光屁股马，但对我特别优待，马背上给铺了床棉被，然后把我连抬带拽的送上马背。哇，就一米多高的马，怎么坐在上边显得这么高啊，马一动，吓得我呲牙咧嘴的不知所措，没有马鞍子，想扶着抓着都不行，就一条缰绳和两只脚在蹬子上掌握平衡。

开始起程了，他们安排了一个年轻的喇嘛在前面给我牵马，说实话，那时候，我根本就顾不上人家牵马行走有多么辛苦，只是绷紧了自己的神经：别从马上掉下来。

为了我，队伍放慢了速度，走在前面的人还不时地回头看看我，我自己也说不清是担心我的安全，还是认为我成了他们的累赘。

呲牙咧嘴地走了大约两个钟头，我原来那紧张的劲似乎有点好转，就想试探着自己骑行，小喇嘛不放心的把缰绳递给我，还一再给我比划用两只脚的前掌在马蹬子上掌握平衡。嘿，可以自己骑着走了，我高兴，牵马的人更高兴，同时，我也明白了当时为什么要给我买胶鞋了。

在十多个人的马队中，我成了重点照顾对象，有局长、司机、翻译、活佛和好几个喇嘛，马背上除了骑人，还驮着帐篷、干牛粪、青稞面等，当然，还有为我特备的饮料、巧克力什么的。8月份的高原还是冷的时候多，我穿了一件毛衣，又套了一件雨衣，感觉还是冷，外边又加了一件藏袍，头上戴了顶礼帽。在他们之中，除了我的脸白点，骑马的架势和他们是一样的（图3-20）。

图3-20　骑马行进途中

越走山越青，越走草越绿，还不时地听见马蹄子踩着沼泽地的声音。8月份的草原正是野花盛开期，遍地的野花，五颜六色，可我只认识雪莲花，多数都叫不出名字。

草原深处，时而也有寺庙出现在你眼前，当走到寺庙时，必须要进庙拜佛，寺庙主持也是很有礼貌的献上哈达（图3-21）。

草原是那样的纯净和空旷，见不到树木和其他的人，走半天才能遇见一处牧民的帐篷和他们家的牛羊。看到帐篷，我们就会下马作短暂休息。

上马时是他们把我抬上去的，可下马自己也不敢啊，他们就跑到我的马旁，小心翼翼地把我扶下来。没想到，下马后，我却

图 3－21　寺庙主持献哈达

感到站不稳了，两条腿劈得好像不能合拢似的，踉踉跄跄的坐在他们铺好的地毯上，打开易拉罐，喝！剥开巧克力，吃！

牧民看到活佛，真是顶礼膜拜啊，纷纷作揖鞠躬，活佛也用手中的串珠在对方的额头上按两下，还咿哩哇啦的说几句。牧民之间非常友好，他们会把自家制作的酸奶拿出来招待客人，成盆的酸奶端到面前，让你敞开肚皮的喝（图 3－22）。这时，我又想起了在北京的时候，买一瓶酸奶好几块钱。我告诉他们，在北京可不舍得这么个喝法。

高原深处的小孩看到我，那叫一个稀罕。看他们的眼神，肯定没有见过像我这样的人（图 3－23），就像我们第一次见外国人似的，好奇怪，他们还窃窃私语，好像在说："乖乖，是外星人吧。"

图 3-22　途中喝酸奶

图 3-23　藏区的小孩

短暂停留后，告别牧民，继续上马前进。也许是骑了半天适应了，看地势平坦，还能拍拍马屁股跑几步，我自己感到很自豪。

高原上只有草，走半天真是见不到一个人影。人们偶尔在行进途中相遇，不管认不认识，大家都会以藏族同胞特有的方式打声招呼。走了多半天，我真正的感受到什么是人烟稀少啊。

十一　有缘相会小活佛

也许是我的运气好，就在这样人烟稀少的高原藏区，还真有幸遇见了年龄最小的转世活佛，尽管他当时只有 12 岁（图 3－24），却具有很高的威望。

图 3－24　年纪最小的活佛

藏传佛教的高僧法位继承方式大体可以分为两大种，一种是家族式传承，也包括师徒传承；另一种是非家族式传承，也就是我们通常所说的活佛转世方式。

按照字面理解，“活佛”就是“活着的佛”的意思，实际上“活佛”是指已经修行成佛的人，藏语叫“朱古”，本意为“化身”。

活佛转世是藏传佛教寺院为解决其首领的继承而采取的一种制度，是藏传佛教特有的传承方式。活佛转世出自佛教灵魂不灭、生死轮回、佛以种种化身普度众生的观念。简单地说，活佛转世是通过降神、占卜选定灵童、继承法位来进行的。我们所熟知的“转世活佛”只不过是汉语对“佛的化身”这一名词的形象称呼。

自从进了深山，野生动物随时可见，地獾、兔子、野鸡、麝、还有叫不出名字的动物等等时常在旁边穿过，大家对动物很友好，谁也不去伤害和惊吓它们。活佛始终尾随在我的左右，有时还能简单地说上一句让我能听懂的话（图3－25）。

图3－25　**和活佛在途中**

高原深处的路可不都是平坦的，能让马跑起来的地方不多，马基本都是步行，这也令骑马人的腰跟着扭来扭去。

你听说过 8 月天会下冰雹吗，如果不是亲自经历，我也不信。刚才还是晴空万里的，过来一片乌云，就噼里啪啦的下起了冰雹。嗨吆，砸得你像个缩头乌龟趴在马背上，乌云过去又是晴空万里。我们常说："五月天，孩儿面，说变就变。"在藏区草原，八月天也是"孩儿面"哪。

我的骑马技术进步了，坐在马背上开始能自如的抽烟、吃巧克力、喝易拉罐饮料、和他们聊天，自己就像骑马打仗的大将军，真的有一种很神气的感觉。我穿的藏袍，左右一裹，腰带一系，正好把吃的放在里面，随手可以取货，还能情不自禁地嚎上两嗓子，感觉就是在天地之间放歌，谁在那种环境中都会有如此的冲动，难怪藏族同胞都爱唱歌呢。

十二　夜宿草原

很快天黑了，大家下马，还是照旧把我扶下来，安置在地毯上。我哪能坐啊，先活动活动腿吧，感觉自己成了罗圈腿了。

他们把马放开，让其自由地去吃草，便忙活着支帐篷、垒锅灶，还用牛皮制成的鼓风机烧火；此时，我才知道马背上为什么要驮干牛粪了。我这个没有口福的人享用不了风干肉，只有泡方便面了。晚上，住在帐篷里好冷，外边下雨，里面滴水，打着伞躺在帐篷里睡觉，连衣服都不敢脱（图 3－26）。

高原的夜空是非常的美，虽然地上漆黑，可满天的星斗就在头顶上闪烁，夜空似藏青色的帷幕，点缀着点点繁星，比在北京的天文馆里看星星更过瘾。这种美能让人深深地沉醉，甚至沉醉得久久不想入睡。城里人无论如何是感受不到美丽的高原夜空的。

他们发出了鼾声，可我却没有困意，呼呼的风声加上雨点劈里啪啦地敲打着帐篷。说实话，我有点害怕，夜里撒尿都得把他

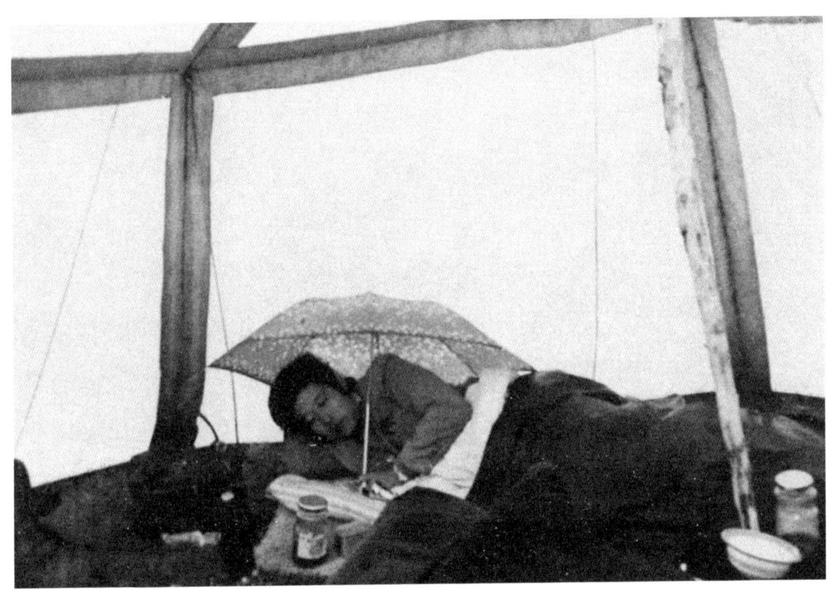

图 3-26　在帐篷里睡觉

们叫醒。

第二天一早，简单吃完，收起行囊，上马继续前进。这次，我却让他们大吃了一惊，他们万万没有想到我自己能上马了，大家都冲我笑，还伸出大拇指，我明白，这是全世界都能看懂的手势语言，我也照样伸出大拇指，说了一个字：“耶”。

路越走越难走。一会翻山（图 3-27），一会越岭（图 3-28）。有时候爬坡，马都很吃力，累得直放屁，你骑在马背上，觉得自己好残忍。有的地方下坡路滑，你只能牵着马走（图 3-29）。有时候走在山崖边，左手可以触摸到山体，右手就是万丈深渊。能够通行的路，也不知道一年有几个人走过。

进了高原深处，真是一步一景啊。山坡上绿草茵茵，野花争鲜斗艳，背后却是奇山怪石。难得与这么多的藏族同胞同行（图 3-30）。

图 3－27 翻山

图 3－28 越岭

图 3－29　牵马行走

图 3－30　与藏族朋友在途中

在一座山前的坡地上，突然出现一座奇怪的建筑，简单的几间土坯房构成了一处“辉煌”的庙宇，孤零零地坐落在一座山坡上（图3－31），显得格外醒目。这是一个“上不着村，下不着店”的地方，竟然还有人在此居住，门前还有人在执着地刻着玛尼石。我后来才知道，这是一座藏经楼，内有雕版印刷的《大藏经》。现在庙宇里还流传着雕版工艺，这是唐蕃古道上，藏文化与汉文化水乳交融的结果。因为路途偏远，人烟稀少，交通不便，藏经楼被破坏得比较少。据说在玉树藏族自治州，类似这样的藏经楼还有多处。

图3－31　藏经楼

十三　过通天河

翻过一座山，眼前出现一条河。停下马，看着河，我觉得怎么那么眼熟啊，似乎在哪见过。对，这就是电视剧《西游记》中的通天河（图3－32）。

图 3－32　过通天河

通天河全长 800 公里，穿行于唐古拉山脉和昆仑山脉的宽谷之中。这里风光险峻奇绝，自古以来就是青海省通往西藏自治区的必经之路，也是通天河上游的一大天堑。过去，来往频繁的汉藏使者、传经布道的僧侣、求神拜佛的信民等，经常穿行于这条古道之上，颠沛于通天渡口两岸。《西游记》中著名的《过渡晒经》的章节就发生在这里。

骑在马背上，看着滚滚而下的通天河，感觉非常壮观，难怪拍《西游记》时选在这里。河面有 30—40 米宽，有一吊桥，粗粗的钢丝绳横跨河两岸，一米多长的木条横铺在钢丝绳上，人走在上面直晃悠（图 3－33）。

到了桥边，只能下马步行，可马还犯起了脾气，死活不过桥，大家连拽带推，总算过去了。回头看看，河水湍急，是怪吓人的。

翻过一座山，眼前出现一片比较开阔的平地（图 3－34），脚下是绿草茂盛，野花遍地，身后是白雪皑皑。我建议：“歇会吧。”因为我的两腿累得够呛，刚才过河的时候，都感觉自己那罗圈的

图 3－33　通天河

图 3－34　难得遇见的开阔地

腿好像不能回位了，也顺便让马歇歇脚，吃口草。

准备的手枪总算派上用场了，我建议，目标对准野生动物，他们连忙摆手："藏民不杀牲，慈悲为怀，阿弥陀佛。"结果，就以啤酒瓶子为靶子，我过足了手枪的瘾（图 3－35）。

图 3 – 35　打手枪

路途艰难，跋山涉水过草地，我就想，当年红军 25000 里长征，无非也就这样吧。和那时候不一样的是，我看到好景，可以下马留个影（图 3 – 36），高兴了还能情不自禁的舞上一段（图 3 – 37），真是在战争年代，哪有这心思啊。

骑了几天的马，该跑的跑，该走的走，自己完全摆脱了刚上马时那种紧张的感觉，不敢说和他们一样，但行动自如多了。活佛面带笑容竖起大拇指看着我，又咿哩哇啦地向我说了一通话，我猜想这肯定是对我的认可，但我只能无奈地看看翻译，翻译告诉我说，我现在完全可以当他们藏族的女婿啦。好家伙，多么高的评价啊，我可没敢多想。

在路途中，扬鞭催马的机会不多，多数都是在马背上“扭”，碰到艰难的路段还得下马牵着马走。但奇特的景象无处不在，用一步一景来形容，一点都不过分。

在藏区各地的山间、路口、湖边、江畔，几乎都可以看到一座座以石块和石板垒成的祭坛——玛尼堆，也被称为“神堆”。在

图 3 - 36　同行者在途中

图 3 - 37　途中舞一段

这些石块和石板上，大都刻有“六字真言”、慧眼、神像造像、各种吉祥图案，它们也是藏族民间艺术家的杰作。

“玛尼”一词是梵文佛经《六字真言经》“唵嘛呢叭咪哞”的简称，因在石头上刻有“玛尼”而被称为“玛尼石”（图3－38）。

图3－38　玛尼石堆

藏族同胞形容牢固不变之心为“如同石上刻的图纹”。藏族同胞认为在石头上留下的痕迹能保存久远——如格萨尔的足印、栓马石印、马蹄印以及某历史名人的脚印等。

人们刀笔不停，艰苦劳作，在一块块普通的石头上刻上经文、各种佛像和吉祥图案，饰以色彩，使平凡的石头变成了玛尼石。虔诚的藏族信徒相信，只要持之以恒地把日夜默念的“六字真言”刻在石头上，这些石头就会有一种超自然的灵性，能给他们带来吉祥。

继续前行，眼前又出现一片开阔的草地（实际上是沼泽地），前两天都是我尾随在他们的后边或被保护在中间，看到这片开阔地，我不由得萌发出了骄傲的心态，总想得瑟一下骑马的本领，我拍拍马屁股抢到了队伍的前边，十分钟内，我沾沾自喜，真的有带兵打仗的将军的感觉，好威风，还情不自禁地哼上了小曲。

心里正美呢，突然，马嘶鸣起来，四肢陷入了沼泽地，马肚皮与地面来了个“亲密接触”，马不停地挣扎就是拔不出腿来，吓得我连滚带爬地跑出了好远。又折腾了几分钟，马还是拔不出腿。正好附近有处牧民的帐篷，热情的牧民找来了绳子、牵来马，同心协力才把马拽了上来。化险为夷了，我松了一口气，总算是有惊无险。

距离目的地越来越近了，达纳寺就在不远处，特征明显的山头清晰可见（图3－39）。

图3－39　远处就是达纳寺

十四　到达达纳寺

“达纳寺”（又译“达那寺”），是按山的形状定的名，像是牛耳朵，高耸入云。它既婀娜多姿，又格外神秘。看着近在咫尺，可都是盘旋曲折的路径，走了好半天，才到达目的地。完成了几天的艰苦路途，我总算松了一口气，随同的囊谦县宗教局局长和翻译更是松了口气（图3－40）。

图3－40　到达目的地——达纳寺

几天来，他们为我费心了，给了我全方位的照顾，我自己明白，要不是我，人家哪能折腾这么长时间。

我感谢几天来陪伴我、照顾我的局长、翻译和活佛、僧侣们，他们始终注重安全，真的是做到了嘎子阿龙局长安排的万无一失，

真是辛苦了他们，特别是曾为我牵马的小师父，跑前跑后。我建议："大家留个影做个永久的纪念吧。"（图3－41）

图3－41　在目的地合影

达纳寺位于海拔4400米的山坡上，占地面积约300平方米。寺院依山而建，高低错落有致。它面对麦曲河，背靠达纳山，地势险峻。这里因海拔高、地域偏僻、交通艰难而成为许多人可望而不可即的地方。寺庙有僧侣20多人，为了欢迎我，全体出动（图3－42）。此时的我，比任何一位踏进藏区的内地人都自豪。

这里真的像世外仙境啊。抬头是白雪皑皑的雪山，低头是哗哗流淌的麦曲河。我已经找不出合适的词来形容了。

我脱下藏袍，尽情欣赏这难得见到的高原美景（图3－43）。近处是奇花异草，绿色如茵；远处是崇山峻岭，层峦耸翠，奇峰罗列，怪石嶙峋；头顶是碧空如洗 ，晴空万里。

图 3－42　与达纳寺僧侣合影

图 3－43　达纳寺周边的景色

十五　夜宿达纳寺

晚上，活佛安排我住在他房间的折叠沙发床上，虽然简陋，还算干净。又安排了一个年轻的喇嘛启动发电机——这是他们为此行特意配备的，仅仅能带动两个不到40瓦的灯泡。晚饭又是风干肉加酸奶，我还是没有那个口福，只能把方便面当作自己的最爱，顺便再加上块巧克力和一些干果。

外边是一片漆黑，黑的如同浓稠的墨，呆在屋里能感到寒气袭人，我身体不由自主的有点哆嗦："忍着吧。"

几个小喇嘛陪我玩扑克，牌桌上摆着风干肉、冰糖、水果糖等等，酸奶可以随意地喝，当时我又重复了一句："在北京谁舍得这么个喝法。"不知道他们是为了迁就我，还是尊重我，让我享受着这种特殊的待遇，只要我不说停，他们就一直陪着我玩到深夜。

想出去"方便"一下，好害怕！山峦的阴影、高低不平的山路、麦曲河那奔流不息哗哗的流水声、加上嗖嗖的冷风，说不准还会有什么野兽的叫声，不到憋不住的程度我都不想出去，那还得有个人陪着。

收拾牌局，喇嘛关灯，准备入睡。第一次在雪域高原上的偏僻的寺庙里睡觉，能睡着才怪呢，晚上还真不敢多喝水。

早晨起来，顿时消失了那种恐怖感，太阳出来也暖和了许多，活佛第一个走到我住的房间，用生硬的汉话问我："冷不冷？"我没有回答，伸出手，他一摸，笑了。我的手冰凉，还穿着毛衣、藏袍什么的，看人家，就穿一件袈裟，手是热乎乎的。

其他的喇嘛们也纷纷来到我的房间，送来酸奶。他们一进门，就一屁股坐在地上，我示意让他们坐在我的床上，他们只是摆摆手，谁也没有动弹，后来翻译告诉我，因为那床是活佛的，他们不敢随便碰触活佛的东西。哇！我倒是睡在了活佛的床上，身价不低啊。

达纳寺是藏区唯一一座格萨尔岭国寺院，也是目前藏区仅存的一座藏传佛教叶尔巴噶举派寺院，当时是省级文物保护单位。藏语全称为“达那僧格南宗”，汉译为马耳狮子天堡。因为所在处有一座岩山，形状酷似竖起的耳朵而得名。该寺迄今已有800多年的历史，由藏传佛教著名高僧帕竹噶举创始人帕摩竹巴的高徒桑吉叶巴创建。达纳寺始建于南宋淳熙十五年（1188年），这个时间和康区土司邦国时代相一致。达纳寺格萨尔文化遗存中至今仍有许多谜团。在离达纳寺不远的达纳山岩洞中，建有格萨尔王手下30员大将的灵塔，塔形均为噶丹式（一种藏式塔）。达纳寺之所以有名气，也与这位藏族英雄格萨尔王的传说紧密相关。

我来的目的，就是要考察寺庙所藏文物以及与格萨尔相关的文化遗存。我万万没有想到，当时的寺庙里还珍藏着早年绘制的地形图，图很精致，寺庙和山洞的位置一目了然（图3－44）。

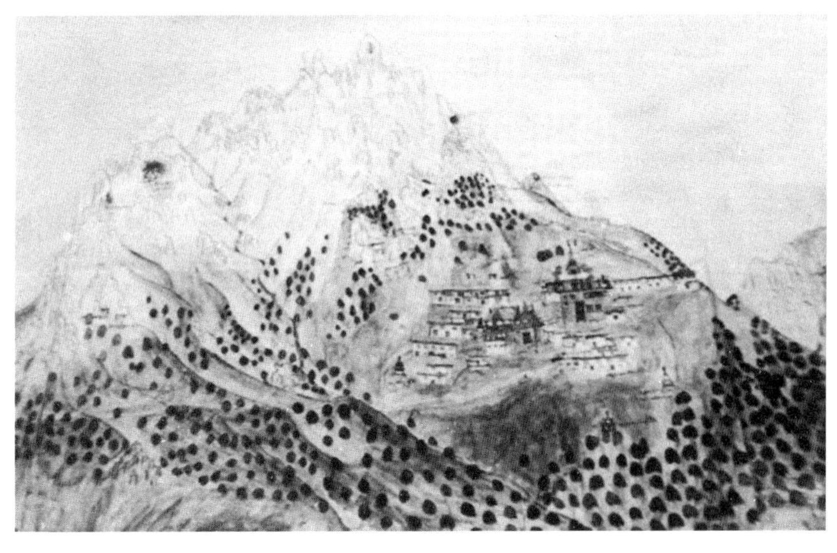

图3－44　早年绘制的达纳寺地形图

十六　考察灵塔群

吃过早饭，我的第一项目标是先去考察格萨尔王手下30员大将的灵塔。它位于海拔5000米高的达纳山岩洞中，山体的陡度约有40度，在低海拔区域爬这样的山都会费劲，何况是从4400米的地方往上爬，没有捷径可走，只有爬。

我吃力地爬在前，身后有两个喇嘛（图3－45），主要是怕我滑滚下来。藏族同胞真好！

图3－45　爬山途中

大约有600米的高度，我爬了约3个多小时。爬几步就得停下来喘一会，只感到口干舌燥，同时，还伴随着高原反应。最后，费了很大的劲才爬到山上的岩洞（图3－46）。

岩洞是个自然山洞，毫无人为加工的成分，洞内不深，但足

图 3－46 到达山洞

可以为灵塔遮风挡雨，站在洞口，居高临下，再看看入住的寺庙，别具风景，真的有“一览众山小”的感觉（图 3－47）。

图 3－47 鸟瞰达纳寺

灵塔分布于南、北两个自然山洞内，南区是格萨尔王的长支，即叔辈，洞内建有8座灵塔（图3－48），北区是格萨尔王的幼支，即晚辈，洞内建有23座灵塔（图3－49），其中多出的一座为达纳寺创建人桑吉叶巴（译音）的灵塔。所以，灵塔和寺院之间，建造的时间有一定的时间差。

图3－48　南区灵塔群

图3－49　北区灵塔群

由于山洞自然风化、塌落而使洞口逐渐扩大，最大直径为6米，同时，洞内部分灵塔也遭到破坏。这些灵塔相距不远，远远望去，灵塔林立，蔚为壮观，当然，有的灵塔也给人摇摇欲坠的感觉（图3－50、图3－51）。

图 3－50　仰视灵塔群

图 3－51　独特的灵塔群

走到近处，灵塔群的真实面目呈现在我的眼前：这些塔身高约2—3米左右，形状近似，下部为方形底座，上部像倒扣的大圆钟（图3－52），再向上又为方体形，顶部呈尖状（图3－53），有的塔身还涂有红彩，并用藏文写着每员大将的名字（图3－54），只因年久而多数辨认不清，有的塔顶至今还保留着原来竖立的木柱（图3－55）。

图3－52　灵塔的形状

图 3－53　灵塔塔顶形状

图 3－54　带有色彩的灵塔

图 3－55　有的灵塔塔顶保留着原来竖立的木柱

灵塔的塔座、塔身、塔顶（尖）几部分为土石结构，塔座及塔身除石头和泥土外，还有柳条及木条作筋骨，横穿其间，以保持灵塔的牢固。这些足以能看出当年在高原上建造灵塔时的工程量及难度系数之大（图 3－56）。

据说，每逢雨后，浓雾弥漫，佛光或彩虹横在眼前，似乎触手可及。格萨尔王手下 30 员大将的灵塔群在这片风雪净土矗立了近千年，这些都已成为玉树藏族自治州引以为自豪的民族文化瑰宝。

该灵塔群保留了唐代晚期藏式灵塔营造风格，传承了印度佛塔的建筑风格，是藏族古代建筑艺术和藏传佛教建筑艺术的结晶，不仅在青藏地区独此一处，在全国也是极为罕见的。

灵塔的外形、大小、高矮据说与大将的职位和立功的大小有关。每座灵塔内还有许多土质小佛像充实其中。

“十年浩劫”期间，达纳寺古建筑遭到了严重的破坏，有的仅

图 3－56　灵塔塔身的木条

存残座。当时，在灵塔群周围还散落着小佛像“擦擦”。据说，“擦擦”原本被放在塔身之内，由于破坏，使“擦擦”散落出来。三十多种宋代“擦擦”精美无比。小佛像多为莲花座，有的为千手千眼，虽然形状各异，但均造型圆润，形象生动自然。这些小佛像均经过低温烧制而成，由于土质不同，有的呈红褐色，有的为灰褐色，还有的在烧后又涂上一层红彩，显得庄严而神秘（图3－57）。

图3－57　灵塔内的小佛像“擦擦”

当时散落在灵塔周围的小佛像，足足能捡起一卡车。

我感叹，我沉思……

藏民同胞帮我量尺寸，我记录着每座灵塔的详细资料（图3－58）。

大约呆了一个小时，我开始头疼、头晕、恶心，想吐的感觉越来越强烈。我实在坚持不住了，便匆匆下山。

俗话说：“上山容易，下山难。”这话用在那个时候最恰当。我简直就是坐在地上一步一步地向下滑，两个喇嘛位于我的前方，保护我的安全。据说，早几年，青海省的文物工作人员想来搜集资料，结果连山顶都没有爬上去，在当地海拔最低的地方住了一宿，便匆匆地打道回府了。

图 3 – 58　笔者在记录灵塔资料

十七　达纳寺印象

考察完了山上的灵塔，就剩下在寺庙里的活动了。这时，我心里踏实多了，海拔 5000 米的地方都闯过来了，海拔 4400 米的地方我当然能坚持住。

忙里偷闲，我总想抽机会在周围溜达溜达。寺庙的僧侣们来来去去的也不知道在忙些什么，妇女们手里拿着转经筒一天到晚不停地摇，那是一种意志和信仰的表现。

转经筒，又称玛尼经筒（梵文 Mani，汉文意为如意宝珠），与“六字真言”（“六字大明咒”）有关，藏传佛教认为，持诵“六字真言”越多，表示对佛菩萨越虔诚，由此可得脱离轮回之苦。因此，人们除口诵外，还制作玛尼经筒，把“六字真言”经卷装于经筒内，用手摇转，每转动一次就等于念诵经文一遍，表示成百上千倍的反复念诵着“六字真言”。这对他们来说，真的是“生命不止、转经不息”啊，这是藏族同胞虔诚的宗教信仰。

在寺庙的一端，号声、念经声此起彼伏。这是新的活佛在此修炼。他们要坐在一个固定的位置念经书，有个木制的框架紧紧地把修炼人圈住，除了上厕所外，连吃饭都在原地不动，而且腰杆挺直成端庄状，据说家人还不能探望，要坚持 3 年 3 月又 3 天，才算修炼成功。

寺庙的附近，有一处很大的玛尼堆，从石堆顶部斜拉有好几条绳子，上面挂满了像彩旗一样的装饰物，层层叠叠，遮天蔽日，后来我才知道，那是经幡。

之所以被称作经幡，是因为这些幡上面都印有佛经，在信奉藏传佛教的人们看来，随风而舞的经幡飘动一下，就是诵经一次，它在不停地向神传达人的愿望，祈求神的庇佑。

经幡藏语又称“隆达”，有的是用棉布、麻纱、丝绸等材料制成的长方形彩旗，共有蓝、白、红、绿、黄五种颜色，色序不能错乱，分别象征天空、祥云、火焰、江河和大地。藏传佛教又赋予五色为五方佛及五种智慧之含意。一些学者更认为五色经幡还融入了中华民族古老的五行说，分别代表金、木、水、火、土。据传说，经幡缘起自藏族先民崇信自然的祭祀山神的仪式。悬挂经幡是千百年来流传于藏族地区的一种宗教习俗，有着自身修行、利益众生的功德。上苍诸佛保护一切制造和悬挂经幡的人们，哪里有经幡，哪里就有善良吉祥。

这样，经幡便成了连接神与人的纽带。经幡所在即意味着神灵所在，也意味着人们对神灵的祈求所在。经幡寄托着藏族同胞美好的愿望，表现出了神秘、庄严的藏传佛教的文化气息。

我正在寺庙周围溜达着，突然，意外出现在面前：一串绿松石珠被遗落在地上。它纯天然，好漂亮，这是藏族女性头上佩戴的饰物。

这时候，我又感觉到胃不舒服，也许这两天光吃方便面了吧。活佛得知后，便让我去试一试转经筒。

转经筒一般分为两类：一种是手持式的，另一种是固定在寺庙的轮架上。实际上，在藏区大大小小的寺庙门前，都排列着一排排的转经筒。其下端有可用于摇动的手柄。活佛让我去转的就是固定式的。活佛还告诉我要转单数，三、五、七、九的这样转，而我认为转得圈数越多自己的不适就会好的越快（图 3－59），大概一口气转了有几十圈吧，自己都转晕了，可还是没有好转。活佛问我：怎么样？我摇摇头。他笑着用手中的佛珠在我的脑门上按了按，又嘟囔了几句，大约半小时后，嗨！神了！胃恢复正常了，我说不上是转经筒的原因，还是活佛的佛珠起的作用。“阿弥陀佛！扎西德勒！”

达纳寺保存了大量用金银书写的古老藏经，原来放在藏经楼，曾有一次失火，建筑烧塌，金流遍地，被烧后的废墟还在原址，据说废墟中还埋有许多遗物，等待着去发掘和清理。

格萨尔王的文物，已有 80% 被破坏和失踪，现在留下的只是一小部分。当时，用来记载格萨尔王手下 30 员大将事迹的纯金书写手抄本共有 1100 多捆，每员大将又有 12 部经卷。在 30 员大将中，每员大将又有铁盔、盔甲、箭袋、弓、剑各 30 个，另外，还有 20 多个马鞍子。格萨尔王为金鞍子（又叫日光鞍），格萨尔王的大哥为银鞍子（又叫月光鞍）。

图 3－59　笔者在试一试转经筒

除此之外，寺院内原来还有非常多的金银佛像，在过去的年代已经丢失了许多，当时的僧侣们极力保护，才有少部分幸存下来。

僧侣们把幸存下来的金银佛像依次请出来，排列展示。我也认真地做好每一项记录（图3－60）。

图3－60　寺庙内保存的部分佛像

目前，幸存的遗物还有格萨尔王曾经使用过的毡帽（图3－61）、铠甲部件（图3－62）、盾牌以及手下大将们的头盔等遗物。当然，还有经卷（图3－63）和珍贵的唐卡（图3－64）。

图 3－61　格萨尔王用过的毡帽

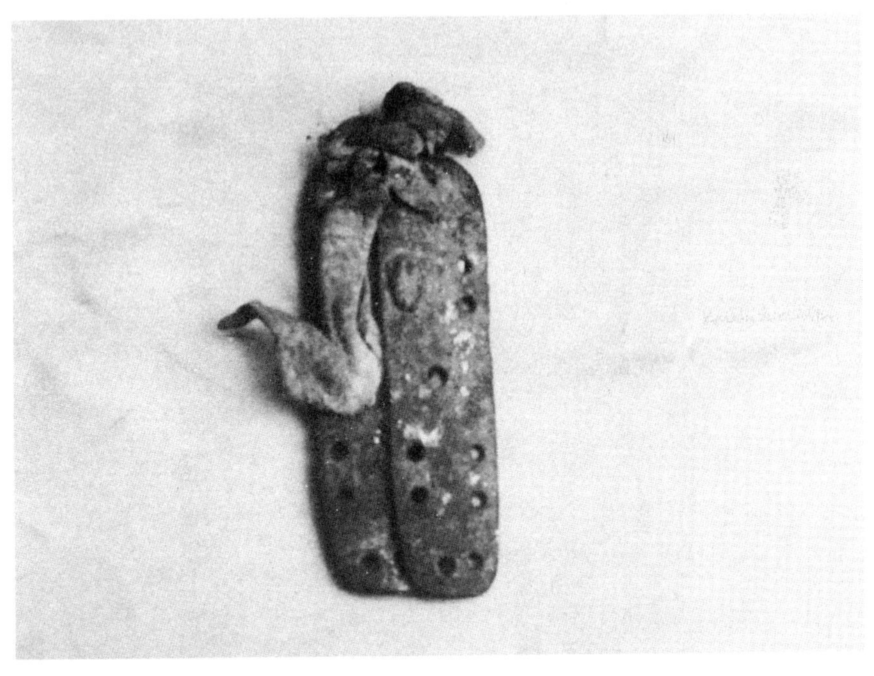

图 3－62　格萨尔王用过的铠甲部件

图 3－63　寺庙内的经卷架

图 3－64　唐卡

十八　准备回京

几天的工作结束了，真有点恋恋不舍。也巧，临走的那天寺庙里没有酸奶，可他们没有忘记我曾经说过的话。一位年长的喇嘛提前出动，骑马走了几十里山路，用一个筒状的容器从别的寺庙里找来了酸奶。我只能握住他的手表示感激。他还送给我一大串高原小人参，是他用了一个多月的时间在山上采集的，用马尾串了一大串，让我回去泡酒喝，说是能治关节痛（回北京后，我用它泡酒，每次三钱的杯子喝一杯，我喝得鼻子直出血）。

活佛握住我的手，叽里咕噜的说了半天，我就假装听懂似的不停地点头。翻译告诉我：按照我们当地的习俗，远方的贵客走时，要送上一头牦牛或一只羊，考虑你带不走，也无法表达我们的心愿，就送你一个鹿茸。它毛茸茸的，像根树杈，足有 50 厘米长，我感动的不知道说什么好，便两手合十，鞠躬道谢。

短短的几天，虽然艰苦，可实感难得，此次的艰苦行程，真的像《西游记》中的“西天取经”，但我的“取经”之路，始终铺满了别人对我的关心和爱护。

就要骑马上路了，还是依依不舍的看看这几天陪伴、照顾我的活佛、喇嘛们，也仰望了一下高原之巅的灵塔群，它所具有的历史价值是不可低估的，如果能通过各种手段进行全面深入的研究，将会在少数民族历史和宗教史研究的进程中立上一块不朽的丰碑。我深知，雪域高原隐藏着太多的宝藏……

回到玉树藏族自治州，我便向当地宗教局汇报了此次考察的收获和对以后工作的设想。

准备回北京了，嘎子阿龙局长说：“送你牛、羊你也带不走，就把这几天陪伴你的藏袍送给你作个纪念吧。”当时，我在想，在北京哪有穿藏袍的机会啊，再说了，挂在衣柜里都不见得能挂得起来，结果就留了一顶礼帽。那可是水獭皮镶边的藏袍啊，活佛送的那件鹿茸，听说是任何交通工具上都禁带的物品，无奈，只能在当地处理了。

十九 家人的期盼

我从北京走的时候，说好了最多一个星期，可十多天过去了还是杳无音信，这下便急坏了家里人。到单位去打听消息，回答“不知道”，又没有办法电话联系。好家伙，家里人还认为我在藏区“光荣”了呢。老婆每天下班回家，看到没有动静，就留下一张纸条，上边写着：“我去我妈家，回来后马上给我妈家打电话。”十天过去了、半个月过去了，纸条是越摞越高，却仍旧不见人影，她的心情也是越来越沉重。

二十 胜利归来

当我回到西宁，第一个念头是先给家里人打个电话。都怪我，没有事先打个电话给家里人说一下，可也无奈，因为我根本就没有想到会有这么长时间，再说，在青藏高原深处的草原上，也没有办法联系，当时又没有手机。我带着忐忑的心情回到家里，看到老婆沉沉的脸，先作了个自我检讨，然后把在青藏高原的所见所闻像讲故事一样完完整整、有声有色的叙述了一遍，没想到，老婆、孩子听得津津有味，还不时的插话问这问那。我暗自高兴：“化险为夷了。”

此次一行，使我收获了许多。博大精深的藏文化、热情好客的藏族同胞、风景秀丽的雪域高原、淳朴自然的风土人情，给我留下了难以磨灭的印象……

后　记

我从事考古工作近40年，在我的考古生涯中，几乎踏遍了整个中国大地。回首近40年光阴，感慨万千，可以说，辛苦、汗水与收获、成果共存。

有人说，我是个“福将”，因为我在本书中描述的这几个遗址在考古界小有名气，具有重要的学术价值，也赢得了社会的关注。其实，我发掘、研究过的遗址还有很多。例如：1978年发掘的河南省安阳市小南海原始洞穴遗址；1979年发掘的河南省郑州市新郑地区的裴李岗文化遗址；1981年发掘的河南省郑州市新郑地区沙窝李早期文化遗址；1984年发掘的甘肃省天水市师赵村遗址；1987年发掘的甘肃省天水市西山坪遗址；1991年发掘的安徽省宿县小山口和古台寺遗址等等，同样在学术界具有很高的知名度。工作虽然已经结束多年，但经历过的考古发掘过程和背后的艰辛、快乐至今仍然历历在目。本书涉及到的《辉煌尉迟寺》《解读禹会村》和《考古历险记》，只是其中的一部分。

首先，我要感谢我的妻子和孩子，近40年来对我的工作一直默默支持，我所取得的成绩，与他们的辛劳付出是分不开的。其次，我要感谢中国社会科学院老干部局、中国社会科学院考古研究所老干部处对本书出版的资助，感谢工作人员吴海燕等人的热情帮助。最后，我要感谢广大读者，谢谢阅读本书。

王吉怀

2017年2月于北京